12星座で「いちばんエネルギッシュに生きる」

射手座男子の取扱説明書

監修
アストロロジャー
來夢
櫻井秀勲
著
早稲田運命学研究会

きずな出版

はじめに なぜか気になる射手座男子の秘密

「いつも何かを追いかけて夢中」

彼のことをよく知る人たちは、そんなふうに思っているでしょう。

彼はいつもおおらかで、のびのびとしています。だからといってぼんやり、のんびりしているのとは違います。「好きなこと」があると絶大なパワーで行動します。

誰からも好感を持たれやすい彼は友達も多く、一緒にいる人を疲れさせません。彼といると、すべてを受け入れてくれる大きな器のようなものを感じて、どこか安心できるところがあるのです。

大胆で自由に行動できる彼は、まさしく「人生を楽しんで生きている」人です。

女性にとって、何かに夢中になっている男性は魅力的です。

仕事でも、趣味でも、これと決めたら、そのことに夢中になってしまう、ということでは、射手座男子は、牡羊座から魚座までの12星座中、ナンバー1といっても過言ではありません。

射手座の「射手」とは、弓を射る人のことです。ギリシャ神話では、弓の名手であったケイロンが、射手座になったとされています。

ケイロンは、弓の技術だけでなく、医療などさまざまな技術を学び、その技術を広めるために若い人たちに教育もしていたと伝えられています。

射手座の人には、このケイロンの教養と知性、そして、的に向かっていく矢の勢いが、その才能となって表れています。だから、何かを始めようとしたときの瞬発力や勢いというものを人に感じさせるのです。そこには、常に探究心を持って行動できる力強さがあります。

本書のタイトルを『12星座で「いちばんエネルギッシュに生きる」射手座男子の取

扱説明書』としたのは、こうした性質を表したものです。

そんな射手座男性に愛されやすいのは、何座の女性でしょうか。二人の関係が発展、持続していくには、どんなことに気をつけていったらいいでしょうか。

恋愛関係にかぎりません。たとえば射手座の男性が家族であったり、同じ学校や職場、取引先にいたら、あなたにとって彼は、どんな存在でしょうか。

私はアストロロジャーとして、星の教えを学び、それを私とご縁のある方たちにお伝えしてきました。本書は、そんな私が自信を持ってお届けする一冊です。

この本は私の専門である西洋占星学だけでなく、もう一人の監修者であり、早稲田運命学研究会を主宰されている櫻井秀勲先生の専門である性差心理学の視点から、男性と女性の考え方の差についても考慮して、「射手座男子」の基本的な価値観や資質、行動の傾向が書かれています。

「射手座男子」の傾向と対策を知ることで、彼に対する理解が、これまで以上に深まるでしょう。また、それによって、あなた自身の価値観を広げ、コミュニケーションに役立てることができます。

私たちは、誰も一人では生きていけません。自分は一人ぼっちだという人でも、本当は、そんなことはありません。

「人」という字が、支え合っている形をしていることからもわかるように、男性でも女性でも、必ず誰かとつながっています。

誰かとつながっていきながら、幸せを模索していくのです。

「おはよう」の挨拶に始まり、「さようなら」「おやすみなさい」で一日が終わるまで、日常的な会話を交わす人、ただ見かける人など、その数をかぞえれば意外と毎日、いろいろな人に出会っていることがわかるでしょう。

私たちは平均すると、一生のうちに10万人と挨拶を交わすそうです。

長いつき合いになる人もいれば、通りすぎていくだけの人もいます。

とても仲良しの人、自然とわかり合える人など、優しい気持ちでつき合うことができたり、一緒の時間をゆったりすごせる人も大勢います。

相手のプライベートなことも、自分の正確な気持ちもわからないけど、なんだか気になる、なぜか考えてしまう人もいることでしょう。

誰からも嫌われているという人はいません。それと同じで、誰からも好かれるということも、残念ながらありません。

気の合う人もいれば、合わない人もいる。それが人間関係です。

でも、「この人には好かれたい」「いい関係を築きたい」という人がいるなら、そうなるように努力することはできます。それこそが人生です。

そして、そうするための知恵と情報の一つが、西洋占星学です。

「この人は、どんな人か」と考えたときに、その人の星座だけを見て決めつけるのは、乱暴です。「射手座」には、射手座らしい傾向というものがありますが、そのなかには、あなたには理解できない面があるかもしれません。でも、それが一概に「悪い面か」ということは、そうとはいえません。

また、ここでいう「射手座男子」というのは、「太陽星座が射手座」の男性のことですが、西洋占星学は、その人の傾向をホロスコープで見ていきます。

本文でも詳しく説明していきますが、ホロスコープには、「太陽」「月」「水星」「金星」「火星」「木星」「土星」「天王星」「海王星」「冥王星」の10の天体の位置が描かれます。生まれたときに太陽が射手座にあった人が「射手座」になりますが、太陽星座が射手座でも、月の位置を示す「月星座」がどこにあるかによって、その人らしさは違って見えます。

「私の彼は射手座だけど、自由奔放《ほんぽう》とは思えない」というような場合には、太陽星座ではなく、たとえば月星座の影響が強く出ている可能性があります。逆にいえば、月星座が射手座の場合には、太陽星座が射手座でなくても、射手座らしさが強く出る人もいます。

この本では、「射手座男子の取扱説明書」としていますが、月星座が射手座だという男性にも、当てはまるところが多いでしょう。とくに、恋愛関係やパートナーとしてのつき合いにおいては、太陽星座よりも月星座の面が強く出ることもあります。

本書は、「射手座は○○な人だ」と決めつけるものではなく、その星の人が持ちやすい本能ともいえるような特徴などを理解して、よりよい絆を築くことを目的として出版するものです。

あなたの大切な人である「射手座男子」のことをもっと知って、いい関係をつくっていきましょう。

アストロロジャー
來　夢

安全上のご注意

射手座男子と、よりよい関係をつくるために

・『射手座男子の取扱説明書』は射手座男子の基本的な考え方、行動パターンなどを知って、よりよい関係性を築くことを目的としております。射手座を含め、すべての星座の男子に対して、理解と優しさを持って、つき合っていくようにしましょう。

・射手座男子及び他のどの星座であっても、最初から決めつけたり、相手の存在や気持ちを無視するような行為はやめましょう。

・射手座男子もあなたと同じ感情や思考を持つ人間です。
意見が合わないとか、気持ちのすれ違いなど、あなたの価値観とは多少の不具合が生

じるかもしれません。可能なかぎり広い気持ちで接することを心がけましょう。

・自分が射手座男子の場合

この本の内容のような印象で、周囲はあなたのことを見ている可能性があります。あなたにとっては、思ってもみないこともあるかもしれませんが、あくまでも傾向の一つとして自分自身を振り返っていただければ幸いです。

身近な人たちからの指摘で納得できること、自分で気になる点などがありましたら、改善をご検討ください。

すでに何かの部分で不具合などが生じている場合は、この本の注意点を参考に、あなたの言動の見直しにお役立てください。

★目次

2 Basic Style 射手座男子の基本

3
Future Success
射手座男子の将来性

4
Love
射手座男子の恋愛

5 Compatibility 射手座男子との相性

6 Relationship
射手座男子とのつき合い方

12星座で「いちばんエネルギッシュに生きる」射手座男子の取扱説明書

執筆協力＝Julia☆

1

Start Up

西洋占星学と12星座について

12星座の始まり
西洋占星学は紀元前から続いてきた

この『12星座で「いちばんエネルギッシュに生きる」射手座男子の取扱説明書』は、西洋占星学の12星座の射手座の研究をもとにしています。

西洋占星学のなかの12星座ですが、日本では1950年頃から研究が一挙に進み、現在多くの優秀な占星術師により、もっとも信頼のおける占術となっています。

早稲田運命学研究会会長の櫻井秀勲は1960年頃、「女性自身」の編集部に配属になったことで、恐らく日本初の西洋占星学のページをつくっています。

それ以後、12星座占いはしだいにポピュラーなものになっていき、女性で自分の星座名や性格、特徴を知らないという人はいないといってもいいほどです。

この12星座のもとになった西洋占星学は、はるか昔、紀元前の頃から始まっています。

始まりについてはさまざまな説がありますが、世界最古の文明である紀元前5000〜3000年頃のメソポタミアの時代に生まれたという説もあります。

ここで重要なことは「文明が興《おこ》ると占いも起こる」という点です。

これは中国でも同じで、人間は占いなしでは生きられないのです。いや、日本でも武将や貴族たちは、占いを日常的に活用することで、人間の和を保ってきました。

そのようにはるか昔からの長い歴史のなかで、星の動きと自然現象、人間の運命などと結びつけ、細かい情報や研究が受け継がれて、いまのような形になりました。

それだけに、この占いは正確です。

遊び半分の気持ちで読むのは、もったいない。あなた自身の一生を決めるかもしれない情報と知識が盛り込まれている、と思って参考にしてください。

ホロスコープと星の読み方

この地球に生まれた瞬間の星の位置を知る

西洋占星学は、12星座だけでなく、いろいろな情報をあわせて読んでいきます。

・12星座
・10の天体（惑星）
・12に区切られた室（ハウス）

と、最低でもこれらの星と、その星の位置と角度の情報を、一つの円のなかに描いたものがホロスコープ（天体図）といわれるものです。

このホロスコープを読み解くことで、その人の生まれもった資質と運命を知ることができるのです。

ホロスコープ（天体図）には、その人の生まれた日にちと時間、場所による星の配置が描かれます。それは同時に、あなたがこの地球に生まれた瞬間の宇宙の星たちの位置を知ることになります。

あなたがこの地球で生きていくために、持って生まれた才能、起こりうる未来の可能性などを記された人生の地図として活用できます。

かつてイギリスとフランスの王宮には、その国のもっともすぐれた占星術師（アストロロジャー）が召し抱えられていました。いや、いまでもいるという話もあります。

それこそ、世界の崩壊を予言したノストラダムスや20世紀最高の占い師とされた天才キロも、最初は王宮で認められたのです。

これらの占星術師は国に王子、王女が生まれると、王から命じられて、秘かにその方々の一生の天体図をつくり上げ、それには亡くなる年齢と時期まで書かれていた、といわれています。

それほど当たるということです。

この人生のホロスコープを上手に読んでいくと、たとえば自分の苦手とすることや好きなこと、得意なこともわかります。

自分の好きなことや得意なことがわかると、自信を持って才能を伸ばしていくこともできます。

また、苦手なことや不得意なことと、どうつき合っていくのかを考える一助になります。あなたの人生において、それらを克服する必要があるのか否かを見極めるのです。必要であれば、挑戦したり、そうでなければ、あえてスルーするという選択もあります。

この本では射手座男子とつき合っている、あるいはつき合うかもしれないあなたを中心に、参考になる情報を提供していきましょう。

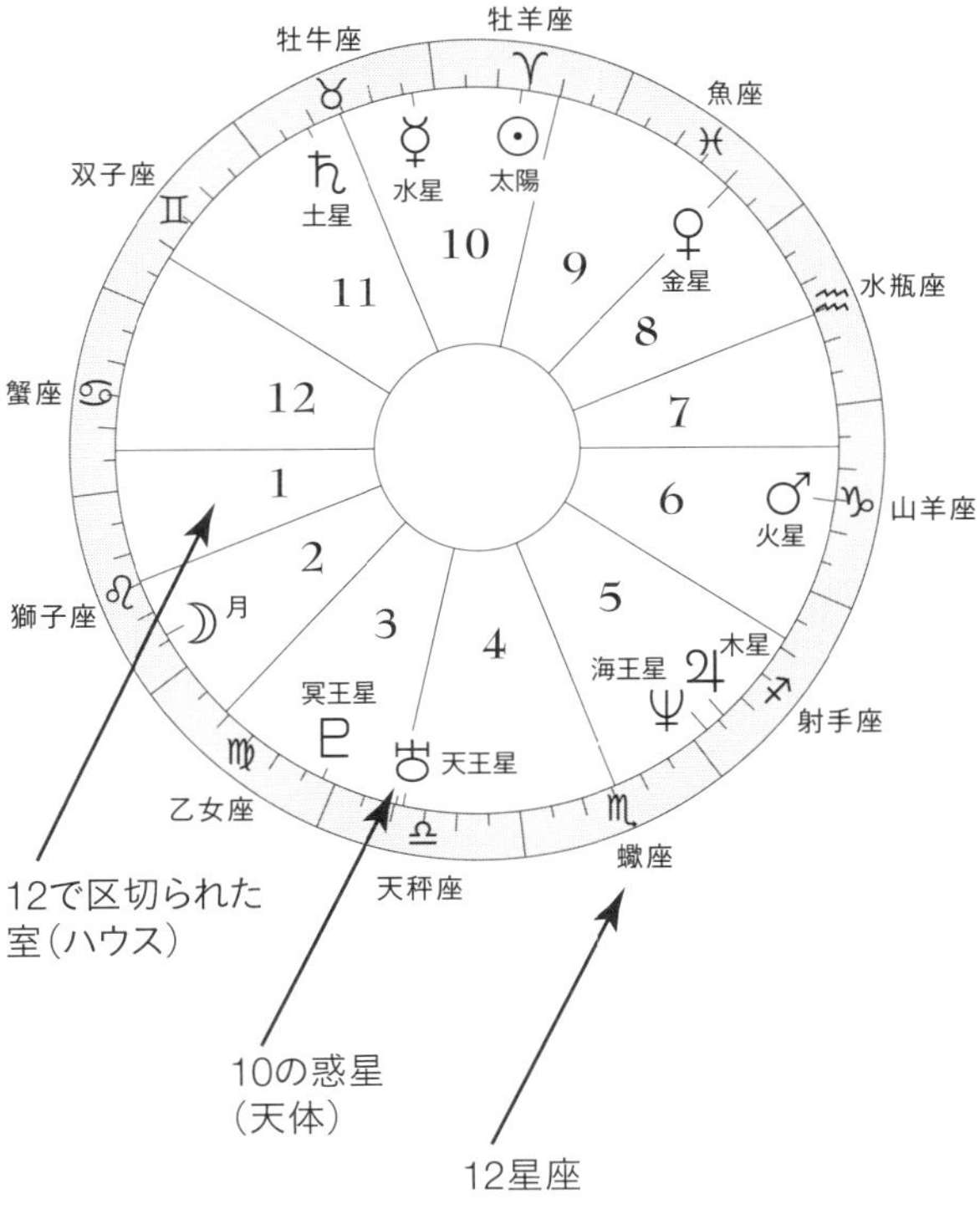

◉ホロスコープ（天体図）の基本

・いちばん外側が12星座
・その内側が10の天体（惑星）
・円の内側の数字は12に区切られた室（ハウス）

守護星となる10の天体（惑星）

これから起こる人生のテーマを教えてくれる

10個の天体（惑星）とは、次の通りです。

ここで大事なのは、占星学では太陽も月も惑星と見なしているということです。

天体（惑星）	記号	意味
太陽	☉	活力・強固な意志・自我・基本的な性格
月	☽	感受性・潜在意識・感情の反応パターン
水星	☿	知性の働かせ方・コミュニケーション能力
金星	♀	愛・美・嗜好・楽しみ方
火星	♂	勇気・情熱・開拓・意志と行動の傾向

木　星	♃	発展・拡大・幸せ・成功
土　星	♄	制限・忍耐・勤勉
天王星	♅	自由と改革・独創性
海王星	♆	直感力・奉仕
冥王星	♇	死と再生・洞察力・秘密

この10個の天体（惑星）はすべての人のホロスコープにあり、その人の持つ人格や個性のエネルギーを表します。

それぞれの天体（惑星）は、おのおのが違う速度で移動しています。そのために、その天体（惑星）の位置は移動していき、星座は変わっていくというわけです。

たとえば、太陽は射手座の位置にあっても、月は山羊座、水星は水瓶座というように、「10個それぞれが違う星座の人」もいれば、「2個は同じ星座だけど残りの8個は違う」という人もいます。

一人の人でもいろいろな星座の要素を持っていて、それがその人の「個性」となっていきます。

ホロスコープは、その人の生まれた年月日と時間と場所の情報でつくります。その人が生まれた、その瞬間の星の位置を表しますが、実際にこの10個の天体（惑星）は宇宙に存在して、常に動いています。いまも動き、進んでいるのです。

生まれた瞬間の天体（惑星）と、いま現在の天体（惑星）の位置関係、そしてこれからも進み続ける天体（惑星）の位置関係を読むことで、その人に与えられたテーマを知ることができます。

10個の天体（惑星）の動きは、計算によって割り出され、いまでは書籍やインターネットなどで、いまこの瞬間の位置さえも簡単に知ることができます。

この10個の天体（惑星）の動き（位置）がわかると、あなたにこれから起きるテーマまでわかってしまいます。たとえば結婚などの人生の転機や、仕事での成果が得られるタイミングなども予測することができます。

けれども、それは予言ではありません。占星学は情報の一つ。それをどう活かすかは、その情報を受けとった人しだいです。

たとえば結婚するのにいいタイミングが来ていたとしたら、あなたはどうするでしょうか。

いまの彼との関係を、これまで以上に真剣に考え、お互いの気持ちを確かめることができれば、星の応援を得て、一気に結婚が決まるかもしれません。

「いまの彼との結婚はない」「いまは結婚したいと思う相手がいない」という場合には、新たな出会いを求めて、婚活に力を入れてみることも、もう一つの選択です。

「いまは結婚したくない」と考えて、結婚は「次のタイミング」を待つことにするという選択もあります。

いずれにしても、選択権はその人自身にあるということです。

そして、選択したら、それに向かって努力すること。それなしに、人生を開いていくことはできません。

仕事においても同じことがいえます。「うまくいく時期」「成功しやすい時期」を予測することはできますが、ただその時期をボーッと待つだけでは、たとえそのタイミングが来ても、思ったような展開は望めないでしょう。

成果の出るタイミングが、たとえば2年後だとわかれば、この2年間で何をするのか、ということが重要になります。

この本では射手座の個性について著《あらわ》していますが、今後あなたが自分のホロスコープを見る機会があるときは、あなたの未来のテーマとタイミングも、ぜひあわせて見てください。そしてそのタイミングの機会を逃さずキャッチすることで、これからの計画や、実際に行動を起こすことが変わります。

自分の個性を活かしながら、未来のタイミングをつかんで、自分の人生を輝かせていきましょう。

生きる意思や基礎になる太陽星座

射手座男子は枠にはまらない生き方と考え方ができる

テレビや雑誌などでよく知られている12星座占いは、「○月○日生まれは○○座」というように、生まれた日にちで星座がわかるように表しています。

本来、西洋占星学は、生まれた日にちだけの星座だけでなく、10天体（惑星）を総合的に読みますが、そのなかでも、生まれた月日の星座は、生きる意思や基本となる資質などを表すため、とてもわかりやすくその人の特徴を知ることができます。

生まれた月日で見る星座は太陽の位置を示していることから、「太陽星座」ともいわれます。

この太陽星座は、その人がどのようにして、この社会で生きていくか、どのような生き方をするかという、その人の社会的人生の基礎となる部分であり、基本となる性格を表しています。

たとえば、生まれた場所や環境は違っても、射手座生まれの男性は、常に新しいことにチャレンジし、学ぶことが得意という共通点があります。枠にはまらない生き方と考え方ができるのです。

生まれた地域や家庭環境、出会う人や関わる人の違いがあるにもかかわらず、同じ星座の人は同じような言動になりがちです。

太陽星座というだけあって、太陽のまぶしい輝きのように、その人はその星座らしくあるときがいちばん輝き、その人らしくいられるのです。

太陽星座は次のように分類されています。

【12の星座】（日にちは二十四節気の中気を目安に、生まれた年によってずれる場合があります）
牡羊座――3月21日（春分）～4月20日生まれ
牡牛座――4月21日（穀雨《こくう》）～5月21日生まれ

双子座――5月22日（小満《しょうまん》）～6月21日生まれ
蟹　座――6月22日（夏至《げし》）～7月22日生まれ
獅子座――7月23日（大暑《たいしょ》）～8月22日生まれ
乙女座――8月23日（処暑《しょしょ》）～9月23日生まれ
天秤座――9月24日（秋分）～10月23日生まれ
蠍　座――10月24日（霜降《そうこう》）～11月22日生まれ
射手座――11月23日（小雪《しょうせつ》）～12月21日生まれ
山羊座――12月22日（冬至《とうじ》）～1月20日生まれ
水瓶座――1月21日（大寒《だいかん》）～2月18日生まれ
魚　座――2月19日（雨水《うすい》）～3月20日生まれ

※（　）内が二十四節気の「中気」となります。

感情のパターンを表す月星座

同じ射手座男子でも印象が少しずつ違う理由

太陽は昼間を明るく照らし、月は夜の暗闇の静かな時間に輝きます。

昼と夜があって一日となるように、一人の人間も、表に見せている部分だけがすべてではありません。月にあたる「陰の部分」もあわせ持っています。

陰というと、暗く、悪い面のような印象を持たれるかもしれませんが、そうではありません。ふだんは見せない、隠れている面といったほうがいいでしょうか。それがあるからこそ、その人の人生に豊かさや広がりが出てくるのです。

その人の特徴を表す星として太陽星座が大きな影響を与えていることは、これまでに書いた通りですが、太陽星座の次に、無視できないのが「月星座」です。

太陽星座が社会での行動や基本になる人生の表の顔としたら、月星座は、その人の潜在的な心の動きを表す「もう一つの顔」になります。

月星座は、その人が生まれたときに、月がどの位置にあったかで決まります。

月星座が表すものは、その人の感受性や感情のパターンです。

太陽が生きる意思であり、社会的な生き方である反面、月は感受性や感情という、その人の見えない、隠れた部分となります。

「感情」は、日常のなかで誰もが持つものです。

喜び、悲しみ、怒り、あきらめ、驚き、嫌悪など、一日のなかでもさまざまに感情が動いていくでしょう。

でも感じたことは言葉にしないかぎり心にしまわれて、表に出ることはありません。

それだけ外には見せない「本音の自分」であるともいえます。

その感情の持ち方にも12星座の特徴がそれぞれ当てはめられており、感じ方がその月星座特有の性質となります。

たとえば、太陽星座が射手座でも、感情の月星座は違う星座という場合もあるのです。社会的には情熱的な人に見えても、内面は感情的、という人もいることになります。

月は10個の天体（惑星）のなかでもっとも動きの速い星です。約2.5日で次の星座へ移動します。夜空の月を見てもわかるように、日に日に形を変えて移動していきます。ところで生まれた日の月の形がホロスコープを見るだけでもわかります。

たとえば、生まれた日の太陽（☉）と月（☽）の位置がほぼ重なっていたら、新月生まれとなります。つまり、太陽星座も月星座も射手座だという人は、新月に生まれた人です。

また、生まれた日の太陽（☉）と生まれた時間の月（☽）の位置が真反対の１８０度の位置の場合、つまり太陽星座が射手座で月星座が双子座の人は満月生まれとなります。これについては『月のリズム』（來夢著、きずな出版刊）に詳しく書かれています。

1ヵ月のあいだでも、月は日々刻々と、位置と形を変えて動いています。それだけ月は動きが速いので、太陽星座が同じ射手座生まれでも、生まれた日によって月星座は変わります。

太陽星座と月星座が同じ射手座の場合は、生きる意思と感情が同じ星座なので、迷うことなく射手座らしい生き方と感じ方ができます。

反対に太陽星座が射手座で月星座が双子座だという人は、二つの異なる星座の要素が一人のなかに存在しています。射手座らしい面がある一方で、その人の内面では生きる意思とは違う星座の性質も心に表れてくるので、葛藤や迷いが生まれます。

この葛藤や迷いは、その人だけが感じることであり、周囲の人にはわかりにくいものです。

「月星座」はインターネットで調べることができます。

調べるときは、生まれた月日だけでなく、生まれた時間がわかると、より正確な情報が得られます。月は動きが速いので、少しの時間の差で月星座が違う星座となる場合があるのです。

でもどうしても時間がわからない場合には、生まれた日にちの正午として調べることが通例となっていますので安心してください。

次に月星座の性格と特徴をあげてみましょう。

【月星座の性格と特徴】
牡羊座：目標に向かって積極的に突き進むことができる。熱いハートの持ち主。
牡牛座：温厚でマイペース。こだわりが強い。納得がいかないことには頑固。
双子座：好奇心が強く、言語や情報を扱うことを好む。気まぐれで二面性を持つ。
蟹　座：愛情が深く世話好き。感情の浮き沈みが激しく、仲間意識が強い。
獅子座：明るく陽気で想像力豊か。自信家でプライドが高い。
乙女座：繊細で清潔好き。分析力が高く、几帳面。他者への批判精神もある。

天秤座：調和と品格を重んじる。対人関係においてもバランス感覚抜群。
蠍　座：隠し事や秘密が得意。嫉妬心や執着心が強く、真面目でおとなしい。
射手座：精神的成長や探求を好み、自由を愛する。移り気で飽きっぽい。理性と野性を持ち合わせ、恋愛に関しても奔放《ほんぽう》な面がある。
山羊座：管理能力と忍耐力がある。出世欲を持ち、堅実的な計算能力が高い。
水瓶座：独創的で、楽天的。多くの人やグループとのつながりや交流が持てる。
魚　座：感受性が豊かで優しさにあふれ、涙もろい。自己犠牲的な愛情の持ち主。

太陽星座の射手座と月星座の関係

彼の月星座は何ですか？

射手座の基本となる性格に、月星座が加わることで同じ射手座でも、感情の部分の違いが出ます。月星座を組み合わせることで裏の顔がわかるということです。

太陽星座が射手座の男子を、月星座別の組み合わせで、その特徴を見てみましょう。

射手座の基本的な性格から見れば思いがけない彼の一面のナゾも、これによって納得できるかもしれません。この特徴は男子だけでなく、射手座女子にも当てはまります。

【太陽星座が射手座×月星座男子の特徴】

射手座×牡羊座：活発で明るく、自分の気持ちをそのまま行動に出す正直者。

射手座×牡牛座：感性が鋭く、美を愛する。慎重でマイペースな自由人。

射手座×双子座：知的探究心が強くコミュニケーション能力も高く器用。
射手座×蟹　座：気力があり、感受性が豊かで情に厚く、思いやりがある。
射手座×獅子座：創造力豊かで、気高いリーダー気質。明るく楽観的で無邪気。
射手座×乙女座：ユーモアのセンスがあり知的で勤勉。几帳面で現実的。
射手座×天秤座：情熱を上品なセンスでクールに変える。社交的で人気者。
射手座×蠍　座：精神的にも肉体的にもタフ。物事の本質を追求する。
射手座×射手座：楽観的で知的。束縛を嫌い、自由な行動を好む。旅行に行くなど、遠くの場所に刺激を求める。恋愛に対しても軽やかに楽しみたい。
射手座×山羊座：堅実で上昇志向が強い。夢や目標に向かって挑戦し続ける。
射手座×水瓶座：人に対しては公平で平等。広い視野と心で理想を追い求める。
射手座×魚　座：寛容で心優しい夢想家。協調性があり、豊かで霊的な力を持つ。

星のパワーを発揮する10天体の関係

12星座は守護星に支配されている

12星座にはそれぞれ10の天体が守護星となっています。

この守護星は「支配星」や「ルーラー」とも呼ばれており、12星座の基本的な特徴に、10の天体の表す性質が影響を及ぼしています。

長い歴史のなかでも、占星学の初期の頃は太陽・月・水星・金星・火星・木星・土星という7つの星が守護星だと考えられていましたが、その後、天王星・海王星・冥王星が発見され、占星学のなかに組み込まれました。

次頁の表では二つの守護星を持つ星座がありますが、（ ）は天王星発見前の7つの天体の時代に当てはめられていたもので、天王星発見後も「副守護星」として取り入れられています。

◉12星座と10天体（惑星）

12星座	守護星：天体（惑星）	守護星が表すもの
牡羊座	火星	勇気・情熱・開拓・意志と行動の傾向
牡牛座	金星	愛・美・嗜好・楽しみ方
双子座	水星	知性の働かせ方・コミュニケーション能力
蟹座	月	感受性・潜在意識・感情の反応パターン
獅子座	太陽	活力・強固な意思・自我・基本的な性格
乙女座	水星	知性の働かせ方・コミュニケーション能力
天秤座	金星	愛・美・嗜好・楽しみ方
蠍座	冥王星	死と再生・洞察力・秘密
	（火星）	勇気・情熱・開拓・意志と行動の傾向
射手座	木星	発展・拡大・幸せ・成功
山羊座	土星	制限・忍耐・勤勉
水瓶座	天王星	自由と改革・独創性
	（土星）	制限・忍耐・勤勉
魚座	海王星	直感力・奉仕
	（木星）	発展・拡大・幸せ・成功

そのため、蠍座・水瓶座・魚座が、二つの守護星を持っているわけです。

守護星のそれぞれの特徴は、前頁の表のように12星座に強く影響します。

たとえば射手座は木星の持つ「発展」「拡大」「幸せ」「成功」というパワーを発揮しやすい星座となります。

射手座男子は目標に向かってどんどん進んでいくという特徴がありますが、これこそが木星の影響を受けている証です。

思考や行動範囲に制限をかけることなく、自分の目標に向かって自分なりの幸せなり成功なりをつかみに行く。そんな自由な行動力と探究心を持っています。

2

Basic Style

射手座男子の基本

射手座男子の特徴

的に向かって放たれる矢の如く

ではいよいよ、射手座男子の性格の特徴を調べていきましょう。

西洋占星学では、春分の日（3月21日頃）を1年の始まりの日としています。春分の日から始まる12星座のなかで、射手座は牡羊座からかぞえて9番目の星座です。

西洋占星学では牡羊座から始まり、6番目の乙女座までの星座を自己成長の星座とし、7番目の天秤座から魚座までの星座は社会性での成長を表します。

乙女座で一人の人間として完成した後、社会のなかで他者との関わりを持ち、さらに成長をしていくのです。

天秤座で他者との関わりが始まり、蠍座で融合という形をとります。その後、「思考や視野を広げ、行動していこうとする」というのが射手座の位置になります。

自己の成長を一度完成させた次のステップとして、人との関わり、そして社会との関わりから、また次の目標に進んでいくのです。

射手座の記号は「♐」というように矢の形をしています。

的に向かって放たれた矢は、その的を射抜くまで飛んでいきます。

これは自分の関心のあることや、目的に向かって飛んでいく射手座の性質を表しています。

矢が放たれ、的を射抜くまでは、ものすごい勢いがあります。そのスピードとパワーは、12星座のなかでもトップクラスなのです。

スピードだけでもなく、パワーだけでもなく、その両方を兼ね備えているのです。そして、その先には、しっかりとした目的や目標といったゴールがきちんと見えています。

また、夜空に輝く星の形の射手座は、ケンタウロス族のケイロンが弓を引く姿だと言い伝えられています。ケンタウロス族は、ギリシャ神話に登場する種族で、半人半馬の姿をしていたとされています。

ケイロンは、たいへん多くの知識と才能を持つ賢者として知られていますが、その資質を受け継ぐ射手座男子は、好奇心と探究心があり、「物事の本質を知りたい」「新しいことに挑戦したい」「真実を追い求めたい」という欲求が強いのです。

「射手座」を一言で表現するなら、「自由」という言葉がピッタリなのですが、その自由とは、ただ単に勝手気ままにフラフラしているということではありません。

自分がこれと決めたら、常識や状況に制約されることなく、「的」に向かって進む矢のように、飛んでいってしまいます。

そうして追求し、探求を重ねていくことで、成長していくのが射手座男子なのです。

学ぶことや挑戦を受け入れ、それを楽しむことができる射手座男子は、気になったことや知りたいことには貪欲です。

いつも何か一つのことに集中しているのですが、それを探究すればするほど、新たに気になること、知りたいことに出くわします。そのため、傍目《はため》には、「また趣味が変わった」「いつも違うことをしている」というふうに見られてしまうこともあるでしょう。人によっては、彼のことを「飽きっぽい人」と思っているかもしれません。

「飽きっぽい」というと、なんでも中途半端になってしまうようなイメージがありますが、射手座男子の自由に見えるその行動の先には、「目的」や「目標」という自分なりの的やゴールがあるのです。

後ろを振り向いたり、周囲に流されず、目標に向かって進む射手座男子の勢いとパワーは、まさに「エネルギッシュ」そのものです。

そんなエネルギッシュな射手座男子の「基本」を押さえておきましょう。

【射手座男子の基本】

守　護　星：木星

幸運の色：パープル・スカイブルー

幸運の数：3
幸運の日：3日・12日・30日
幸運の石：トパーズ・トルコ石
身体の部位：大腿部・坐骨・肝臓
その他：木曜日・海外旅行・図書館

【射手座男子の資質チェックシート】

□ おおらかなタイプだと思う
□ 趣味が多いほうだ
□ 新しい刺激を求めがち
□ つい熱くなってしまう
□ 知りたいことが多い
□ 束縛されるのは苦手

□　精神世界や哲学的なことに興味がある
□　スケールの大きい人生にしたい
□　珍しいものが気になる
□　旅が好き

資質チェックシートで3つ以上「✓」があれば「射手座」の典型男子といえます。「彼にはまったく当てはまらない」という場合には、彼には「太陽星座」以外の惑星の影響が強く出ている可能性があります。

前にホロスコープについて書きましたが、人が生まれたときの星の位置によって、それぞれの性格や資質といったものの傾向を見ていくのが西洋占星学の基本です。

彼が「射手座」だというのは、太陽星座が射手座だということですが、それは、生まれたときに太陽が射手座の位置にあったということです。

その人の性質の傾向は太陽星座に大きく影響されますが、人はそう単純ではありません。同じ日、同じ時間に生まれた双子でさえ、その性質には違いがあります。それはもちろん西洋占星学だけでは説明のつかないこともありますが、その人の詳細なホロスコープを見れば、その違いがわかります。

同じ射手座でも、みんなが同じということはありません。

たとえば前でも紹介した月星座を見ることでも、また別の分類ができます。人によっては、あるいは同じ人でも、つき合う相手との関係においては、太陽星座よりも月星座の性質が強く出ることがあります。

また、「資質チェックシート」で彼に当てはまるものが少なかった場合に考えられるのは、彼があなたに本当の姿を見せていないということです。

自分の興味があることに対してまっしぐらに進んでいる彼ですが、周囲のことを気遣う柔軟性も持ち合わせています。そんな彼の本音を探り、理解していくことが、彼との関係を縮める一歩になるはずです。

射手座男子の性格

人生をアドベンチャーとして楽しむことができる人

あなたは自分の性格をどんなふうにとらえているでしょうか。

性格というものは親からの遺伝によるところも大きいでしょうが、親とはまったく似ていないという人も大勢います。

ではその性格はどうやって形づくられるのかといえば、それは生まれたときの宇宙の環境、つまり星の位置によって決まるといっても過言ではありません。

12星座にはそれぞれ性格の特徴があります。それぞれに、よい面もあれば、悪い面もあります。

射手座男子にも次にあげるような長所、短所があります。

［長所］　　　　　　　　［短所］
枠にはまらない　⟷　非常識
柔軟な考え　　　⟷　破天荒
楽天的　　　　　⟷　鈍感
まっしぐら　　　⟷　飽きっぽい
冒険好き　　　　⟷　落ち着かない

長所と短所は背中合わせで、よいところであっても、それが過剰に表れれば、短所として他の人には映ります。

射手座は、枠にはまらない自由な思考を持っています。その思うがままに、行動できる人でもあります。これは守護星の木星が持つ「発展・拡大」という特徴から来るもので、一定の大きさや範囲に留まることのない無限の広がりを求める傾向が、射手座にはあるのです。

射手座の持つ無限の広がりは、「枠にはまらない」という生き方に表れます。それは時に、「自由」という言葉で表現されますが、実際の社会や日常の生活のなかでは、「つかみどころがない」「理解されにくい」「浮いてしまう」ということがあるかもしれません。

私たちが暮らす社会や人間関係においては、法律には書かれていない「ルール」や「決まり事」があるものです。それがあるから、安心して生きていけるという人もいますが、射手座には、それが窮屈に感じてしまいます。

社会には、ある程度のルールや規則は必要です。賢明な射手座は、そのことは十分に理解しています。だから、意図的に規則を破ったり、周囲を無視したりするわけではありません。

けれども、自分が「これをやりたい」と思ったことには、固定概念にとらわれない行動や考え方ができるのです。

人は自分が体験していないことには、消極的になりがちです。子どもが自分の夢にトライしようとするとき、親が反対するのは、「自分が知らない世界」は危険だと思っているからです。子どもを危険から守るために、「ダメだ」と言ってしまうわけです。

でも現実は、「やってみなければわからない」ということがあります。

「○○でなければならない」とか「○○であるべき」という考えも大切なことですが、射手座の場合には、そういうことよりも、「○○って何？」「○○したらどうだろう」という好奇心を満たすことが優先されます。

「気になることは知りたいし、見てみたい」

「知らないことは、とことん学んでみたい」

それが、たとえ地球の裏側に行くことであっても、いえ、それならば尚のこと、射手座は、弓を放たずにはいられないのです。

射手座は頭のなかで考えることも好きですが、それだけで終わらせることができません。実際に遠くまで調べに行ったり、体験したりします。

また理解能力も高く、考え方も柔軟です。自分自身が枠にはまることが嫌いということもありますが、射手座の持つ知性で、さまざまなアイデアを生み出します。

たとえば、新しいビジネスの方法を知りたいと思ったら、それを学ぶために行動を起こします。それが遠くの場所であろうと、費用がかかろうと、「知りたい」と思ったら行動することができるのです。

ただし、射手座の知りたいことが、誰にでも共感してもらえるかというと、そうではないことのほうが多いかもしれません。

他の人にとっては、「そんなことを調べて何になるんですか」というようなことに夢中になることがあります。それこそが、射手座の「自由」なところです。

それを調べることが、他の人の関心をどれだけ集めるか、周囲にどれほど役立つかということに対して、客観性は期待できません。

射手座男子からすれば、「どうして、この面白さが理解できないんだ」というところですが、でも、周囲に理解されなくても、一向に構わないわけです。

また、射手座男子は興味のアンテナは、次々に新しいものをキャッチしていきます。

あなたが、彼の夢中になるものを理解しようとして、それについて学び、そのことで彼と盛り上がろうとしても、次に会ったときには、彼の興味は他に進んでいた、という可能性は、大です。それが、「彼って飽きっぽい」という気持ちを抱かせるわけです。

ここで射手座を説明するのに無視できない、12星座の分類について二つお話しします。

まず12星座は、「男性星座」と「女性星座」の二つに分けることができます。

その分類は次の通りです。

【男性星座】……牡羊座・双子座・獅子座・天秤座・射手座・水瓶座
【女性星座】……牡牛座・蟹　座・乙女座・蠍　座・山羊座・魚　座

射手座は男性星座に分類されますが、男性星座だから男らしいということではありません。

中国には、森羅万象、宇宙のありとあらゆる事物は「陰」「陽」の二つのカテゴリに分類するという思想がありますが、それに当てはめるなら、「男性星座」は「陽」、「女性星座」は「陰」になります。

男性星座は外に向かう意識であり、女性星座は内に向かう意識です。

もう一つは、3つの分類方法です。

これは12星座を行動パターンによって分類したもので、「活動宮」「固定宮」「柔軟宮」の3つに分かれます。

【活動宮】……牡羊座・蟹　座・天秤座・山羊座
【固定宮】……牡牛座・獅子座・蠍　座・水瓶座
【柔軟宮】……双子座・乙女座・射手座・魚　座

活動宮は、スタートさせる積極的な力を持ち、意欲的に行動します。
固定宮は、エネルギーを貯蓄し、持久力と維持力があります。
柔軟宮は、やわらかい性質で、変化に対応できる力があります。

この二つの分類から、射手座は「男性星座」であり、「柔軟宮」であることがわかります。つまり、外に向かう意識を持ち、変化に対応できる星座だということです。

同じ「男性星座」であり「柔軟宮」である星座に双子座がありますが、双子座は人とのコミュニケーションやつながりを重視し、射手座は創造的チャレンジを重視するという違いがあります。

射手座男子は、いくつになってもワクワクする気持ちを大切にするため、人生の変化を冒険のように楽しむところがあります。安定を重視する人からすると、「いくつになっても落ち着かない人」と思われているかもしれません。

好奇心の赴くまま、自由に行動するところが、ただ自分勝手に行動しているように見えてしまうからです。

けれども、短所と長所は背中合わせです。自由に行動できるからこそ、チャンスをつかむということがあります。

「柔軟宮」の人に、変化するなというほうが難しいのです。ちなみに、「固定宮」の人に、変化や柔軟さを求めても、うまくいかないことのほうが多いでしょう。

それぞれに、それぞれの傾向があります。どれがよくて、どれがダメだという話ではないのです。

なぜ、彼はそんな行動に出るのか。その本質を知ることで、彼に対する理解を深めることができるでしょう。

神話のなかの射手座

「理性と野性」を兼ね備えた賢者

夜空に広がる星たちは、さまざまな星座を形づくっています。あるときは勇者であったり、あるときは動物や鳥などの生き物、または日常で使う道具となって語り継がれ、その多くは神話として残されています。

現代では夜も暗くならない都会や、空気の悪い場所では、とても明るい光を放つ星以外、星座という形で見る機会は、少なくなってきました。

それでも、そうして神話が語り継がれてきたからこそ、私たちは星座の一つひとつを知り、その教訓を星の教えとして学ぶことができます。

射手座の神話は、上半身が人で下半身が馬の姿をした、狩猟族であるケンタウロス族のケイロンという弓の名手が主人公になっています。

ケイロンは医術、芸術、音楽、そして馬術や狩りという、さまざまな教養と知識を学んだ賢者とされています。その知識を多くの人に教え、ギリシャ神話に出てくる英雄たちの師でもあったという説があります。それほどすぐれた存在だったのです。

そのケイロンですが、自分の生徒であったヘラクレスの放った矢が刺さって死んでしまいます。しかも、その矢は、毒が塗られたものでした。

ヘラクレスはケンタウロス一族と一緒にケイロンの教えを受けていましたが、ある日、他の生徒とケンカになって、弓を引いてしまいます。

そこで放たれた矢が、ケンカを止めに入ったケイロンを刺してしまったのです。

普通ならこの毒矢に刺さると死んでしまうのですが、ケイロンは神々の王ゼウスの父の子どもであったために、不死身でした。

「不死」は残酷です。毒矢の毒に冒《おか》されながら死ねないのです。その苦しさを目の当たりにしたヘラクレスは、ゼウスにケイロンの安楽死を頼み、その願いは聞き届けられました。

そして、弓の名手であったケイロンの才能を讃《たた》え、夜空の星とされたのです。

射手座の知性と探究心は、このケイロンの幅広い教養と知識に由来するものです。また上半身が人の姿というのは理性を表し、下半身が馬であるというのは、野性の強さを象徴しています。まさしく「知性」と「行動力」を兼ね備えた射手座の性質を表しているのです。

知りたいこと学びたいと思ったらどこまでも突き進み、その敏速さと勢いがあるというところでは、他に敵う星座はありません。

またケイロンは、ヘラクレスをはじめ、神話で語られる多くの英雄たちに慕われましたが、それだけ他者に対して寛容であったということの証です。射手座には、上から目線で相手を拘束するようなことをしない、おおらかさがあります。

射手座男子のキーワード

「I see」(私は理解する)

星座にはそれぞれ、キーワードがあります。

射手座には、「I see」(私は理解する)というキーワードがあります。

これは射手座の持つ「広い世界を知りたい」「もっと遠くまで見てみたい」という欲求の象徴でもあります。

普通の場合は、「必要なことだけを知ればよい(見るだけでいい)」という考えですが、射手座はそれだけでは足りないのです。これは、神話の残されたケイロンのように、賢者として生きていく才能を持っているからこその宿命のようなものです。

「知りたい」「見たい」「理解したい」という欲求を満たすために、学ぶこと、挑戦することを止められないのです。

こうした性質には、射手座の守護星である木星の影響があります。木星は太陽系でも大きな星であり、拡大することを得意とします。また「幸せ」や「成功」を表すものでもあります。

解放された空間や制限のない世界で、広がり続けることが喜びとなり、それこそが彼にとっての成功と言えるものです。

射手座は、その広がりや制限のない世界で、教養、知性を思う存分に使って学び、好奇心を満たし、成長することで、喜びを手に入れるのです。

また木星を守護星に持つ射手座は、小さいことでクヨクヨしたり、イジイジしたりしません。過去も振り返りません。とにかく器が大きいのです。

イジイジしているよりも、「もっとたくさんのことを見たり聞いたりしたい」「できるだけ遠くまで行きたい」と思っています。

常に前を向いて、広い世界を夢見ている。それが射手座男子です。

「I see」（私は理解する）はまさしく、そんな彼の象徴的なキーワードです。

本書のタイトルは、『12星座で「いちばんエネルギッシュに生きる」射手座男子の取扱説明書』としています。

「エネルギッシュに生きる」というのは、知りたいことや、気になることに夢中になって、そこに向かってまっしぐらに進んでいくことです。射手座男子には、そのパワーがあります。

何をするにも、目的を持って、前に進んでいきます。そこで手加減するようなことはありません。自分の全力をかけて、自分の気持ちを思うがままに満たしていきます。

次の章では、そんな射手座男子の将来について見ていきましょう。

3

Future Success

射手座男子の将来性

射手座男子の基本的能力

人生を旅するように生きる

自分が思うままの気分次第で、フットワークも軽く積極的に行動できる射手座です。目標や目的に向かって突き進める力があります。

また理解力も高いので、難しいことでも、自分の目的のためだと考えられれば、積極的に学び、行動しようとします。

周囲の状況や感情に流されることはありません。だから、たいていのことは上手にこなします。目標や理想も高く、それに見合う生活をしたいと考えるので、仕事やポジション、収入などについても向上心と野心を持っています。

仕事のポジションと収入は、より高いほうを望みます。

「そんなのは皆、そうでしょ」と思うかもしれませんが、ただ「高いほうがいい」というのではなく、未知の世界を体験したい、実際に自分のものにしてみたい、という探究心がそこにはあります。

たとえば、

「いま目の前の仕事をがんばったら報酬がアップする」

↓「評価されてポジションが上がる」

↓「そうすると、いまの自分は知らない世界がそこにはあるはずだ」

と考えるのです。

威張りたいからとか、見栄えがいいからという理由ではなく、射手座特有の探究心の表れなのです。

その探究心も、一点集中型ということは少なく、次々と芽生えてくることが多いのも射手座の特徴です。

もちろん、「コレだ!」と決めたものがあれば、そこにはまっしぐらに進んでいきます。けれども、人の心や感情は、他の人にはわかりにくいものです。

射手座自身は興味があることや目標にしたいことがわかっていても、周囲から見ると次々に変化する彼の行動がわかりにくく、飽きっぽいと見られてしまうこともあります。

たとえば、「飲食業を始めたい」と言っていたのに、その夢がいつのまにか「陶芸家になる」に変わっていたりします。夢が変わることは誰でもありますが、あなたが彼の妻で、一緒に飲食業をしようと準備していたとしたら、「理解できない」「許せない」という気持ちになっても当然です。

けれども、彼のなかでは突然に、「陶芸家」が出てきたわけではないのです。

彼は本当に、飲食業を始めようとしていたのです。それをしている過程で、お店で出すお皿が気になり、いろいろ調べていくうちに、自分で陶器を焼いてみたくなった……のです。その変化のスピードについていくのは、なかなか大変です。

射手座は、人生を旅するように生きているところがあります。仕事や家族も含め、周囲の出来事を人生の旅の一場面としてとらえています。仕事のしかた、周囲との関わり方も、いつもまっすぐな彼。そんな彼を応援したり、一緒にチャレンジしてみることで、大変な面はあっても、あなたも旅するように人生を楽しんでいけるでしょう。

【射手座男子のスペック】

行動力：★★★★★（5つ星）気になったら行動する
体　力：★★★★☆（4つ星）タフである
情　熱：★★★☆☆（3つ星）知りたいことは放っておけない
協調性：★★★☆☆（3つ星）おおらかな性格が好かれる
堅実さ：★☆☆☆☆（1つ星）安定は求めない
知　性：★★★★☆（4つ星）理解能力が高い
感受性：★☆☆☆☆（1つ星）細かいことは気にしない

総合的な将来性：★★★☆☆（3つ星）

射手座男子の適職

変化や動きの速い仕事で才能を発揮する

頭を使うことが得意で、実際に行動することもできる射手座男子。賢く、難しいこともいろいろ知っているかと思うと、庶民的で親しみやすく、さまざまなジャンルに関心を持っています。哲学や宗教的なことから動物や植物に至るまで、彼の興味の範囲は、ありとあらゆるものがあります。

行動も速いし、スピーディな動きにも対応可能です。

考えることが得意で、フットワークも軽い射手座男子は、常に知識や学びを得られ、かつ変化や動きの速い仕事が向いています。

一つのことをとことん追求していくことが大好きな射手座は、とくに変化や流れのあるものには関心をもって、その才能を発揮します。

たとえ、ルーチンワークであっても、そのなかで展開していけること、広げていけることを見つけられる人です。

本来、仕事というものは突き詰めていけばいくほど、面白みと広がりが増していくものです。たとえば、自分が仕事で扱っている商品の原材料はどこかとか、その国の事情はどうなっているのか、歴史の背景はどうなっているかなどを調べていくと、目の前の一つの商品から広がる世界は無限です。

でもたいていの場合は、目の前の商品ばかりを見ている人が多いのです。その背景やルーツというものにはまったく興味を示さない人もいるのですが、射手座男子はその広がる世界を楽しむことができます。一つの商品から生まれる壮大な世界を見たい、知りたいと思い、実際にそれを行動に移していくわけです。

また会社員のような、ある程度の決まりのある仕事であっても、その与えられた仕事のなかで、新しい分野の営業展開を見つけたり、新規開拓を楽しんでみようという気持ちがあるのです。

射手座男子の頭脳と行動力は、国内や地域という限られた世界から海外、果ては宇宙までも通用するものです。どんな仕事をしても、射手座の賢さとおおらかさが、そこにはあります。冒険心を楽しみながら、幅広い活躍ができるのが射手座です。

【射手座男子が向いている職業】
宗教家、外交官、通訳、ファッション関係、ジャーナリスト、出版、マスコミ関係
アーティスト、作家、旅行関係、学術研究、語学関係、教師、外交官、ＩＴ関係

【射手座男子の有名人】
松下幸之助、古舘伊知郎、ウォルト・ディズニー、妻夫木聡、大野智、小室哲哉、
谷川俊太郎、市川海老蔵、スティーヴン・スピルバーグ、ブラッド・ピット

射手座男子の働き方

いつも自分の目標に向かって進んでいく

興味のあることには、かなり意欲的に行動できる射手座男子です。物事を理解する能力もあり、常にその先のことを考えることも好きです。そのために周囲の人より一歩先を歩いているようにも見えます。そのため、知らずしらずのうちにリーダーになっていた、というのも射手座男子ならではです。

射手座男子は決してチームを引っ張っていったり、まとめたりということは考えていません。けれども、彼にはそんなつもりがなくても、自分から興味のあることには率先して行動を起こす場合があります。また、頭もよいほうなので、周囲は射手座の後をついていくと安心で、頼もしいと思っているところがあります。

先頭に立つということは、それなりの覚悟が必要ですが、射手座男子の彼は覚悟とか、リーダーシップというものをあまり重要視していません。彼の前にあるのは探究心と挑戦への期待感。これに尽きると言ってもいいでしょう。

また彼はいつも自分の目標に向かって進んでいます。目標にまっしぐらの精神で、あまり周囲は見えていないところがあります。

的に向かう弓矢の矢のように、前進あるのみという考えが強いため、的以外のものは目に入らないのです。そのため周囲の状況など、細かいことには気にならない、気にしないというところがあります。

「行動は速いけど大雑把」というのが、射手座男子の仕事の進め方の特徴でしょう。自分の興味のあること、自分が楽しみということにはどんどん仕事を進めていきます。ときどき周囲が驚くほどに数字を出したり結果を出したりします。

でも、そういう彼は同じくらいミスをすることもあります。

たとえば経費の計算ができなかったり、資料の内容がマニアックなほどに完成度が高いにもかかわらずページが抜けていたり、ケアレスミスや仕事にムラがあったりします。

ふだんから仕事ができる人にかぎって「凡ミス」は大きく目立つものです。また、細かい部分を丁寧に、慎重にと考えている人からすると無神経にとられてしまうところもあるでしょう。

けれども、いつも小さいことにはこだわらず、楽観的でおおらかな気持ちがあり、人から好かれやすく、親しみやすい射手座男子は、面白いことをしでかしてくれる楽しみな人材です。

射手座男子の金運

ビジネスを世界レベルに広げていける才覚がある

「知らないことを知る」

「見たことのないものは、実際その場所に出かけていく」

外に出て多くの体験をすることで、知識を吸収し、学ぶことで成長することができる射手座男子は変化を楽しむことができます。その変化が大きければ大きいほど、迅速に対応して、それが金運につながっていきます。

学んだこと、出会った人との人脈によって、交渉がうまくいったり、新しいビジネスが始まったりします。

若い頃は学ぶことや出かけていくこと、旅をすることでどちらかというと、お金を使うことのほうが多いでしょう。

でも、その経験がもとになり、ビジネスにつなげ、結果、金運をアップさせていくことができます。

たとえば、学生時代に留学していて、そこでできた人脈で世界に通用するビジネスにつなげていけたりします。

狭い世界よりも広い世界でのびのびと活動することが得意な射手座男子は、その才能を十分に発揮すると世界レベルのビジネスができるのです。

射手座にとって「お金」というものの価値はワクワクすることのために使う、稼ぐというところにあります。

ビジネスを始めてもワクワクすることがあると、どんどん拡大していきます。それに比例して、収入も大きくしていくことができるでしょう。

変化に対応できるというのは、いまの時代にはなくてはならない才能の一つです。

いまは、パソコン一つで何でもできる時代です。めまぐるしく変化する情報化社会において、射手座が活躍できる場所は多くあります。

たとえばＩＴ関係で、海外の情報を読みとり、迅速に動いていくというのは、射手座の得意とするところです。

また、スピーディな動きと変化に対応する能力は、スピードを競う競馬や競輪という賭け事にも活かされます。射手座男子はギャンブルにも強い一面があります。

おおらかな射手座男子は、お金に関しては、多少無頓着なところがありますが、それが余計に、人に好かれ、慕われます。そして、またそれがお金につながってしまう、というのが射手座男子の金運です。

射手座男子の健康

大腿部、坐骨、肝臓に関する病気に注意

太陽の位置や月の満ち欠けという星たちの動きは、自然界だけでなく、人の身体にも大きな影響を与えています。

たとえば、太陽の光が輝く昼間は活発に動き、夜になると眠くなるという日常の身体の現象をはじめ、女性の生理周期は月の周期とほぼ同じです。また、満月の夜にいっせいに産卵するウミガメや珊瑚《さんご》の例もあります。

人間でも満月の夜に性交する男女が多いことを、以前、イギリスの軍隊が確認したというレポートもあるほどです。

医学の父と呼ばれるヒポクラテスも占星学を研究し、実際医療に活用していました。

これを占星医学といいますが、12星座の身体の部位の関係は否定できません。

［星座］　［身体の部位と、かかりやすい病気］

牡羊座――頭部、顔面、脳
牡牛座――耳鼻咽喉《じびいんこう》、食道、あご、首
双子座――手、腕、肩、肺、神経系、呼吸器系
蟹　座――胸、胃、子宮、膵《すい》臓、食道、消化器系、婦人科系
獅子座――心臓、目、脊髄、循環器系
乙女座――腹部、腸、脾《ひ》臓、神経性の病気、肝臓
天秤座――腰、腎臓
蠍　座――性器、泌尿器、腎臓、鼻、遺伝性の病気
射手座――大腿部、坐骨、肝臓
山羊座――膝、関節、骨、皮膚、冷え性
水瓶座――すね、くるぶし、血液、血管、循環器系、目
魚　座――足（くるぶしから下）、神経系

前頁の一覧を見ると、射手座は「大腿部、坐骨、肝臓」となっていて、その部位の病気にかかりやすいのです。

ここで重要な点は、健康問題が起きやすいというのは、その部位をしっかり使っているということです。

射手座の注意すべき部位に「大腿部、坐骨」ですが、ここでも射手座のスピーディな行動がポイントになります。

射手座は目標ができたら、すぐに行動したくなります。探究心が強いためにあちこちと移動することも平気です。行動するためにはよく動き、よく歩きます。

そのため、足のなかでも大きな筋肉のある大腿部と脚の付け根である坐骨には、自然と負荷がかかりやすくなります。

坐骨は骨盤の一部で、おしりの奥のほうにある骨です。この骨は人が座るときに身体を支えるという重要な役割をします。

また脚の付け根で、脚の多くの筋肉がついている部分でもあります。座るときには身体を支え、歩くときにも脚の筋肉を動かすという、重要な役割をします。

まさしく「大腿部、坐骨」は「歩く」「走る」という射手座のフットワークの軽さを表していることにもなります。

同時に「歩く」「走る」という行為は、筋肉を鍛えるというだけでなく、足先まで血液を送り、また心臓へ戻すという重要な役割も果たしています。

人は歩くだけでも血流がよくなり、健康を保てるということもあり、「歩く」という行為は、最近ますます注目されていますが、その基礎となる大切な部位なのです。

もともと体力はあるほうの射手座男子です。また細かいことにこだわらないところもあり、仕事や遊びでも夢中になると、ついつい健康については後まわしになります。

そのため知らずしらずのうちに、「肝臓」に負担がかかってしまうということもあります。

肝臓は体内でいちばん大きな臓器であり、痛みなどの症状が出にくい場所です。

大きな病気になるまで、「気づかなかった」ということもよくあります。

また、ストレスがたまったり、身体が疲れたりしていても、それを気にしない星座なので、無理をしてしまいがちです。

だから、周囲の人には「いつも元気」なイメージを持たれているでしょう。

その通り、いつもエネルギッシュな彼ですが、身近にいるあなたは、彼のそばでからだを気遣ってあげるようにしましょう。

射手座男子の老後

おおらかな性格が慕われる

おおらかで自由な行動を好む射手座男子は、年を重ねても若い頃と変わらず、好きなことを趣味として楽しんだり、あちこちに出かけたりと、老後でも若い頃と変わらず動きまわっているでしょう。

病気やケガなどで寝たきりにならないかぎり、趣味や娯楽、旅行などで、新しい人たちに出会ったり、新しい発見をしたりと意欲的に反応しては楽しさを見つけていくでしょう。

年齢を重ねると、頑固になったり、自己主張が強くなったりする人が多いなか、射手座男子はうるさいことも言いません。

家族や友人にも干渉してあれこれとうるさいことを言ったり、口出しをすることはないでしょう。

自分が自由な行動を好み、好きなことをすることで人生を楽しんでいたいと考えているので、自分以外の人に対しても自分の考えを押しつけたり、強要したりすることはありません。

また細かなことを言わないおおらかさは、男女問わず、同世代の人たちはもちろんのこと、下の世代の人からも好かれます。

また若い頃から自分の関心のあることを学んだり体験してきた射手座男子は知識も広く、また体験したこともたくさんあるので、話を聞くだけでも面白い話を多くできたり、またそのことを伝えることで学べることもあるため尊敬され、慕《した》ってくる人も多いでしょう。

射手座男子の適職に「教師」という職業があります。射手座は、とくにどこかに所属したり「先生」という肩書きがなくても、自分の積み重ねた教養や知識を伝えることができます。また寛容な性格から慕ってくる人を、差別なく受け入れ、彼らの自由を尊重します。自分で意識しなくても、自然と指導者という役割をしているることがあるのです。

いくつになっても人生を楽しもうとする彼は、あなたの人生をも楽しいものにしてくれるでしょう。

何にも束縛《そくばく》されない、広い視野を持つ彼との暮らしは、日常の小さなことにとらわれることがなく、のびのびとした時間となるでしょう。

4

Love

射手座男子の恋愛

射手座男子が惹かれるタイプ

一緒に冒険を楽しんでくれる女性が好み

細かいことにこだわらず、自分の好きなことをしていたい射手座男子は、「自分を束縛しない相手」というのは絶対条件の一つです。

射手座男子はスピーディな動きと、自由な思考を楽しむという性格は12星座でもトップクラスです。それを「束縛」という形で、制限するのは、射手座の長所も同時に枠にはめてしまうことになります。

そのため射手座男子が居心地よく、そして自分らしさを損なわないためには、「自由」はなくてはならないものなのです。

また、学ぶことを好む射手座男子は、自分の学んだことや関心のあることに興味を持ってくれる女性を好みます。

一見マニアックに思われることや哲学的なことなど、射手座の興味は普通の人よりも広範囲です。

そういう話を楽しそうに聞いてくれたり、関心を持ってくれる女性にはとても魅力を感じます。

「自分のことを理解してくれる」

そういうふうに感じると、安心できるのです。

だからといって、彼の話を聞くだけでは、中身がない女性と思われてしまいます。

自分の好きなことや興味のあること、将来の夢や目標がある女性であることは、彼にとって重要です。

彼の話を一方的に聞くだけではなく、お互いの関心のあることを共有したり、楽しんだりできることで、彼の好奇心のアンテナが刺激され、あなたという女性に惹きつけられていきます。

彼のいる世界だけに依存したり、「彼がいないと何もできない」という女性では、それこそ彼の関心は薄れて、さっさと次の冒険に出てしまうでしょう。

いつも挑戦したり、発見をしたり、ということが好きな射手座男子は、互いに干渉せずに、一緒に冒険を楽しんでくれる女性に惹かれるのです。

射手座男子の告白

わかりやすい行動で好きな人に近づいていく

「的が決まったら矢を放つ」

射手座男子は、まさしく好きな相手にはまっしぐらです。

射手座の神話に登場したケンタウロス族のケイロンは、狩猟も得意としていました。自分の得意とする弓矢で狩りをするのです。これは射手座の特徴の一つでもあり、恋愛に対しても同じなのです。射手座は常にハンターなのです。

そのため告白も、彼が好きになったら速いです。

細かいことを考えたり、根まわしをしたりというのは、射手座男子の頭にはありません。

「ふられたらどうしよう」「他に好きな人がいたらどうしよう」といった、告白の後のことも、あまり考えません。

好きになったら「好き」なのです。

コソコソすることなく、正直でわかりやすい行動で、好きな人には近づきます。

ちょっとよく見ていれば、彼の気持ちはバレバレです。

たとえば、用事もないのにそばに近づいて話しかけたり、積極的にデートに誘ったりしてきます。

女性でなくても、人は好意を持たれると悪い気はしません。その好意がいちばんわかりやすく積極的に示すのが、射手座男子です。

「12星座でいちばんエネルギッシュ」な射手座男子は、恋にもエネルギッシュです。

それが受け入れるかどうかは相手しだいで、あまりにも大胆すぎるように感じる女性もいるかもしれませんが、それだけ、彼の思いは熱いということです。

最初は何とも思っていなかったのに、「いつのまにか彼のペースにはまってしまった」ということもあるかもしれません。

キッカケはどうでも、あなたが心から彼を愛したいと思うなら、その価値がある男性です。

射手座男子は、人に慕われます。

子どもの頃から、なぜか人気者だったという彼は、寛大な心で人と接してきたからです。ウソや卑怯なことをせずに、自分の心に正直に生きてきたのです。

もしも彼のことが好きなら、自分から告白してもよいでしょう。彼は広い心で受け入れてくれるかもしれません。

万一、彼があなたの気持ちを受けとめられなくても、あなたを傷つけるような断り方は決してしません。その後も仲のよい友人の一人として、上手につき合っていけるのが、広い心をもった射手座男子ならではの才能です。

射手座男子のケンカの原因

彼とより深く結ばれる仲直りのコツ

楽天的なところがある射手座男子は、あまり感情的になって怒ったり、ケンカをしたりということはありません。

また過去をひきずったり、細かいことも気にしたり、ということもありません。

ときどき夢中になることにヒートアップすることはあっても、それは怒りとは違うものです。

彼が怒ったり、ケンカしたりするのは、干渉されすぎて窮屈に感じたり、何かを強要されたり、ということが原因です。

射手座男子は自主的に考え、行動することが得意で好きです。のびのびと、好きなことや自分がやりたいことをしながら、才能や本領を発揮します。

それを無理に制限してしまうような言動をとると、彼は、あなたとの関係に息苦しさを感じてしまうのです。

自分らしくいられない環境では、射手座男子は、とてもつらく、ストレスがかかってしまいます。イライラをぶつけてきたり、不機嫌になったりします。

どんなに好きな相手でも、一方的にワガママを言われたり、好みを押しつけられるようなことがあると、彼の気持ちはどんどん冷めてしまいます。

「好きな女性から、ワガママを言われるのはイヤじゃない」という男性は、案外多いものですが、最初の頃には「かわいいな」と思っていたとしても、それが延々と続くと、射手座男子は、あなたとの関係が窮屈になっていきます。

また常識やルールを持ち出されたり、過去の話を引っ張り出されることにも耐えられません。

彼自身は、相手の自由や自主性を尊重するところがあります。あなたも、彼と同じように、相手を束縛したり依存したりしないようにしましょう。

もし彼が怒ってしまったら、その原因や理由を聞いてあげましょう。そのうえで、悪かったところは「私が悪かったわ。ごめんね」と正直に伝えたら、あっさりと許してくれるでしょう。

またあなたが、彼に直してほしいところがあったら、「○○になるといいな」と可能性や希望を伝えましょう。「絶対に○○して！」というように強制しては、逆に反発したくなってしまいます。

可能性や希望があると、射手座男子は自主性を尊重されたと考え、歩み寄ってくれます。射手座男子は愛する人とは、一緒に心が躍《おど》る時間をすごしたいと思っていることを覚えておきましょう。

射手座男子の愛し方

本能のままに燃え上がる

射手座は、神話では、ケンタウロス族が主人公になっています。

ケンタウロス族は上半身は人の身体で、下半身は馬の姿をしています。

したがって、理性と行動力があるということを前でお話ししましたが、行動力があるというのは、本能に素直に動くことができるということです。

射手座男子は、愛する人ができると素直に愛を表現し、愛の矢を放ちます。

この愛の矢は、心を射止めるくらいの強い愛ではありますが、決して重い愛ではありません。

恋をしたとき、キュンと胸が痛くなったときに、ハートマークに矢が刺さる記号を使われることがあります。射手座の愛は、この記号のように、相手のハートめがけて飛んでいくのです。そして相手と、恋愛という冒険の旅に出かけていきます。

恋愛をしながら、二人で楽しみを分かち合ったり、一緒に旅行に出かけたり、二人で一緒にいろいろなことを経験していくことに喜びを感じます。

また本能に素直なので、セックスにも燃えます。いろいろなテクニックを考えたり試したりもします。セックスはもともと本能的なものですから、射手座男子が本来持つ野性的な部分も発揮されるでしょう。

雰囲気やムードを気にするというよりも、本能のままに、どこかスポーツ的な要素のあるセックスになりがちです。学ぶことが好きな彼は、あなたの希望も受け入れてくれるでしょう。二人で盛り上がれる方法を提案したりするのも、アリです。

自由で型にはまらない生き方を好む彼が放つ愛の矢は、一つではありません。

気になる相手が見つかると、すぐに本能が芽生えてしまうのも射手座男子です。

彼の本能をくすぐるテクニックや知性を磨くことで、あなたの女性としての魅力をアップしていきましょう。

射手座男子の結婚

お互いが自立した関係でありたい

自由を愛する射手座男子は、結婚に対してそこまで熱心ではないでしょう。どうしても結婚イコール「束縛」と感じて、自分の自由が奪われるように考えてしまうのです。

「自分の好きなことができなくなるかもしれない」

「自由に旅行や勉強ができなくなるかもしれない」

と考えて、現状の自分の生活が犠牲になるのであったら結婚はしなくてもよいかもしれないと考えます。

だからといって、まったく結婚願望がないということではありません。

やはり愛する人ができたり、年齢と経験を重ねると、自分の人生で土台になるものが欲しくなります。好きなことや目標に向かって、「自由の矢」を放てていることが幸せだったけれど、その矢を放つ土台となる場所を求めたくなるわけです。

矢を射るには、自分の立つ位置が不安定だと、的がブレたり、見えなくなったりします。自分の矢を安心して放つためには、安定した足場が必要なのです。

安定した足場や土台が「家庭」や「家族」だと感じたとき、「結婚しようかな」と考え始めます。

結婚後も束縛されない環境を望む射手座男子は、それを許してくれることが、相手に求める条件になります。

また、安定していること、自立していることも、大切な要素です。相手から頼られたり、依存されていては、自由に行動することができません。すぐに感情的になったりしない、自立している女性こそが、射手座男子にとって安心できて、一緒にいて居心地がいいパートナーになります。

自分の好きなことを楽しんでくれたり、自分を応援してくれたりする女性は、誰にとっても嬉しい存在ですが、射手座男子にとっては、パートナー選びの際に、とても重要なのです。

「彼女は自分を信じていてくれる」

「自分の進みたい道を邪魔したりしない」

そう思えたら、彼があなたを手放すことはないでしょう。自然と気持ちも、結婚へと向かっていきます。

そして、いったん結婚を意識した射手座男子の行動は、速いです。気がついたら結婚していた、なんてことがあるくらい、人生があっという間に変わってしまうかもしれません。

結婚後も、あなたを好きな気持ちは変わりませんが、彼の関心は、一つのところに留まっていることは難しいです。けれども、たとえそうであっても、彼の愛情がなくなったわけではありません。そのことを理解することが、彼との結婚生活を幸せにすごせる鍵になります。

5

Compatibility

射手座男子との相性

12星座の4つのグループ
火の星座、土の星座、風の星座、水の星座

12星座はそれぞれが持つ性質によって、4つの種類に分けられています。

（1）「火の星座」——牡羊座・獅子座・射手座
（2）「土の星座」——牡牛座・乙女座・山羊座
（3）「風の星座」——双子座・天秤座・水瓶座
（4）「水の星座」——蟹　座・蠍　座・魚　座

火の星座（牡羊座・獅子座・射手座）は、「火」のように熱い星たちです。特徴としては情熱的で、創造的なチャレンジをすることで元気になります。

土の星座（牡牛座・乙女座・山羊座）は、「土」のように手堅く、しっかり者です。現実的で慎重、忍耐力があり、感覚的な能力が発達しています。

風の星座（双子座・天秤座・水瓶座）は、「風」のように軽やかで、自由です。知識欲が旺盛《おうせい》で、社会的な物事を知的に理解する能力があります。

水の星座（蟹座・蠍座・魚座）は、「水」のようにしっとりしています。感情・情愛を基準に価値判断をします。自分だけでなく、相手の感情もとても重視します。

あなたの星座は、火、土、風、水の、どのグループに属しているでしょうか。

この4つの分類だけでも、射手座との相性がわかります。

（1）「火の星座（牡羊座・獅子座・射手座）」と射手座……とてもよい関係

同じ火の性質同士なので、親しい関係になりやすいです。

一緒にいても違和感なく、出会ったばかりでも、すぐに親しくなれますが、同じ火の星座でも牡羊座、獅子座、射手座は、それぞれ性質が違います。どの星座も情熱的で熱いハートを持った星座です。

けれども、それだけに人とぶつかり、時にはケンカしてしまうこともあります。似ているからこそ、相手の欠点も見えやすいということがあるのでしょう。

(2)「土の星座(牡牛座・乙女座・山羊座)」と射手座……ちょっと微妙
土と火の関係は打ち消し合うので、ちょっと微妙な関係です。土は火の熱で熱せられることを嫌い、火は土で勢いを止められてしまいます。つまり土は火のやる気や行動力を遮《さえぎ》り、また土も火があることで居心地が悪くなります。

「牡牛座・乙女座・山羊座」と「牡羊座・獅子座・射手座」は互いに互いを理解できず、それを相手にわかってもらえないことで、しだいにストレスを感じるようになるでしょう。

(3)「風の星座(双子座・天秤座・水瓶座)」と射手座……まあまあよい

風と火の関係は、協力できる関係なので仲良しです。風が吹くことで、火はより燃え上がることができます。風も火が勢いよく燃えることに喜びを感じます。お互いが強みを出し合うことで、力を発揮できます。

「双子座・天秤座・水瓶座」と「牡羊座・獅子座・射手座」はお互いの長所を発揮して、よい関係を築いていけます。

(4)「水の星座(蟹座・蠍座・魚座)」と射手座……ちょっと微妙
水と火の関係は、お互いを打ち消し合うので、ちょっと微妙な関係です。

水が火をいつも消してしまいます。つまり火のやる気や行動力を、水が消してしまう役目をしてしまうのです。水も火の熱で熱くなることがストレスになります。

「蟹座・蠍座・魚座」と「牡羊座・獅子座・射手座」は、お互いを理解できずに違和感を感じ、しだいに不満となっていくでしょう。

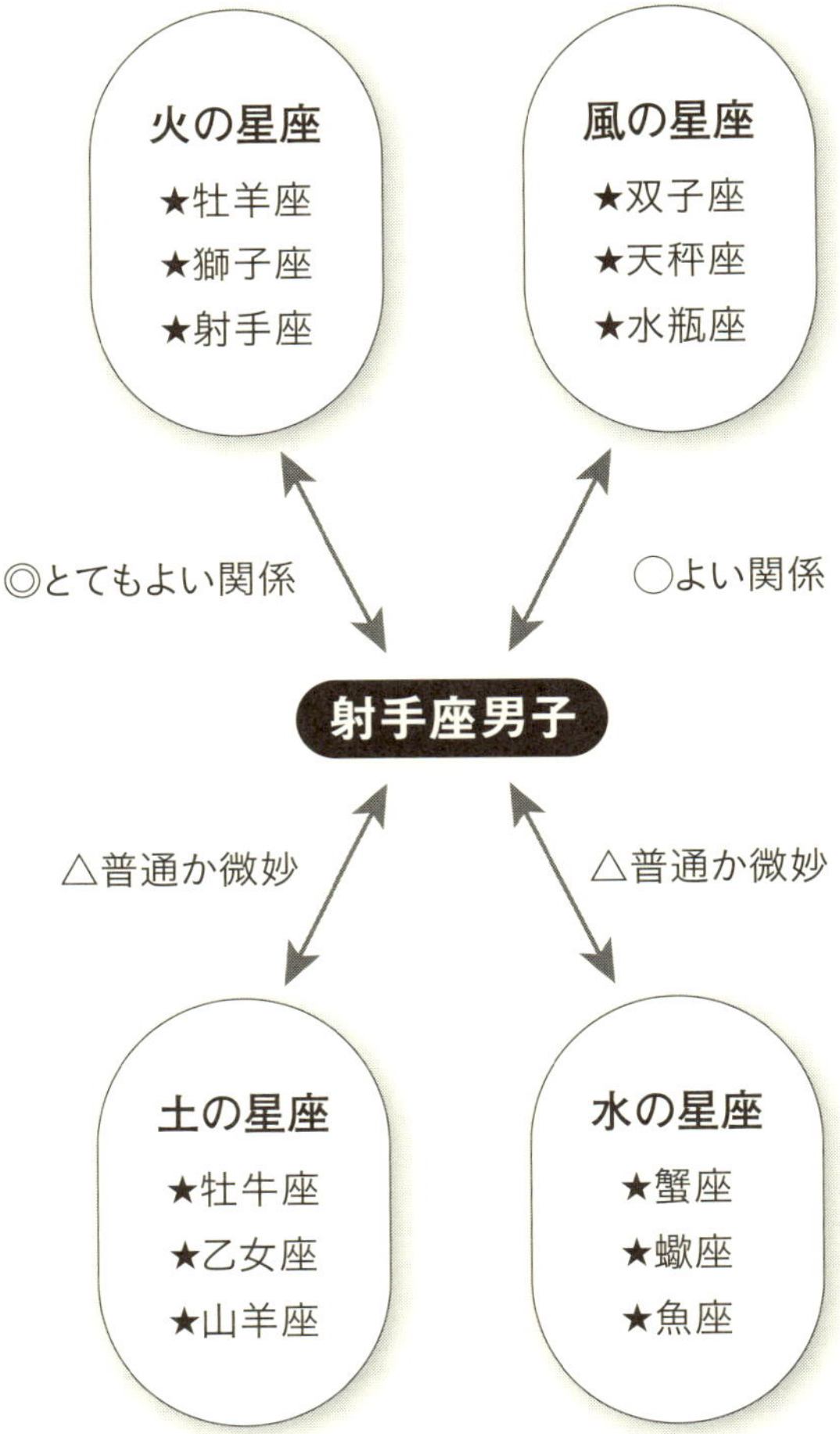

◉射手座男子と4つのグループ

12星座の基本性格

あなたの太陽星座は何ですか？

射手座とそれぞれの星座の相性を見る前に、まずは12星座の基本的な性格を見てみましょう。それぞれの星座について、象徴的な言葉を並べてみました。

【12星座の基本性格】

牡羊座：積極的で純粋。情熱的。闘争本能が強い。チャレンジ精神が旺盛。

牡牛座：欲望に正直。所有欲が強い。頑固。現実的で安全第一。変化を好まない。

双子座：好奇心が強い。多くの知識を吸収して行動する。器用貧乏。二面性。

蟹　座：母性本能が強い。同情心や仲間意識が強い。感情の浮き沈みが激しい。

獅子座：親分肌で面倒見がよい。豊かな表現力。創造性がある。誇り高い。

乙女座：緻密な分析力。几帳面。清潔好き。批判精神が旺盛。働き者。
天秤座：社交的。人づき合いが上手。バランス感覚にすぐれている。
蠍　座：慎重。物事を深く考える。時に疑り深い面も。やるかやらないか極端。
射手座：自由奔放。単刀直入。興味は広く深く、探究心が旺盛。大雑把。無神経。
山羊座：不屈の忍耐力。指導力がある。地味な努力家。臆病。無駄がない。
水瓶座：自由で独創的。変わり者。博愛。中性的。ヒラメキ。発見するのが得意。
魚　座：自己犠牲的。豊かなインスピレーション。優しい。ムードに流されやすい。

性格には「いい性格」も「悪い性格」もなく、すべては表裏一体です。
それぞれの星座の「象徴的な言葉」から、あなたなりの理解で、読みとることが大切です。

12星座女子と射手座男子の相性

組み合わせで、これからのつき合い方が変わる

牡羊座女子(火)と射手座男子(火)――◎

牡羊座と射手座は同じ性質の組み合わせです。この組み合わせは基本の価値基準が情熱的であり、活動的、創造的チャレンジをするという行動がとても似ています。お互いが認め合って、よい関係がつくりやすいのでしょう。高い目標でも達成できるのが、この二人です。

牡羊座女子は活発で行動力があります。考える前に行動していたり、そのときの勢いで何事も一生懸命に取り組みます。射手座男子も自分の関心のあることにはまっしぐらに進みます。そのなかで学び、成長することに喜びを覚えます。

活発で勢いのある牡羊座女子のそばにいると、射手座男子は自分も刺激がもらえ、楽

しいことを共有できると感じます。また牡羊座女子も、おおらかで賢い射手座男子を尊敬します。

一緒にいると居心地のよい二人になれます。

お互いが「一緒に楽しいことをしたい」という近い価値観を持っているので、たとえばイベントで盛り上がったり、一緒に旅行に行ったりというデートを重ねるうちに、二人の気持ちは一層高まっていきます。

けれども、どちらも自分の興味があることを優先してしまいます。また牡羊座女子はプライドが高いところがあり、射手座男子が自分のことよりも興味のあるほうを優先してしまうと、放っておかれたような気持ちになって、他のことで紛らわそうとしてしまいます。

射手座男子も自分の好きなことを優先したいために、牡羊座女子の気持ちを汲んであげることなく、次に進んでしまったりします。

お互いがぶつかると激しい言い争いやケンカになってしまいますが、それも熱い気持ちを持っている、価値観が似ているところがあるという証でもあります。お互いが協力し、応援し合える関係を続けられるように、ストレスを抱える前に話し合う機会をつくりましょう。

飽きやすいことでは、牡羊座女子も射手座男子も負けていません。パッと燃え上がり続けられないと判断したときには、お互いが次の道に進んでいけるのもよくも悪くも、この組み合わせでしょう。

牡牛座女子（土）と射手座男子（火）――△

牡牛座と射手座は「土」と「火」という、まったく違う性質の組み合わせです。

牡牛座女子は五感が鋭く、慎重でスローペースです。また人あたりもよく、自分の理想をマイペースで追い求めます。射手座男子は探求心があり、好奇心旺盛で自由奔放です。そのためスピード感や行動パターンがまったく違うので、なかなか噛み合わない二人です。

牡牛座女子は感性が豊かなので、自分がこだわっているものには知識も情報もあります。そういうこだわりの部分に、射手座男子が興味を示します。

射手座男子は、ワクワクすることが好きです。牡牛座女子のこだわりのモノやおいしい料理のお店を知っているというところに、好奇心のアンテナが立ち、興味が湧くと急接近してくるでしょう。そしてそのまま熱心にアプローチしてくるということもあります。牡牛座女子も頭のよさとスピーディな行動の射手座男子に、自分にないものを持っていると魅力を感じるでしょう。でもマイペースに進みたい牡牛座女子には、なかなかついていけません。自由奔放な射手座男子は、好奇心のまま飛んでいってしまうので、牡牛座女子は、それを寂しく感じて、自然と距離が遠のきます。

好きな人は独占したいところがある牡牛座女子は、自由に飛びまわる射手座男子のそばにいたいために、ワガママを言うことで心をつなぎとめようとします。でも、窮屈な状況を苦手とする射手座男子には逆効果になってしまいます。

二人のペースは違っても、牡牛座女子と射手座男子は、お互いの知識や興味のある分野を共有して楽しむことができます。そうすれば、二人の関係も長く続けていけるでしょう。

双子座女子（風）と射手座男子（火）――○

双子座と射手座は「風」と「火」という協力し合える関係です。

双子座女子は射手座男子の探究心を上手に引き立たせ、射手座は常に創造的挑戦と成長をすることで、双子座に刺激を与えます。お互いが、それぞれのよい点を理解し合える関係なのです。

双子座女子は頭がよく回転も速いので、射手座男子の喜ぶことや、元気の出る言葉を選んで、上手にコミュニケーションがとれます。射手座男子のスピーディで自分の夢や目標をまっすぐに追いかける姿は、双子座女子には、とても魅力的に映ります。また射手座男子も、情報や知識を提供してくれる双子座女子に惹かれます。

射手座も双子座も柔軟で、お互いに自由でいたいというところと、好奇心旺盛なところが似ています。とてもわかり合えるので、居心地のよい関係になれます。知的な会話やお互いの知識を尊敬し合えるのも刺激になり、一緒にいる時間が楽しくなります。

また、お互いにセックス好きです。つき合い始めの頃は、とてもラブラブなカップルになります。ただし、どちらも飽きっぽい性格です。

射手座男子は、飽きると次の好きなものに情熱を注いでいきます。双子座女子は「執着」がなく、どんな相手にも束縛する気持ちがありません。

お互いが好奇心の対象の変化が多く、身軽でいたいため、しだいに愛は薄れて、距離が開いていくようになるでしょう。

たとえ相手と別れても、すぐほかに好きな人ができたり、興味の矛先《ほこさき》がいまの女性から趣味や仕事へ向かうなど、好奇心の対象の変化が別れの理由となります。

お互いが居心地のよい相手ということで、手を抜かず、好奇心や知性など刺激するようにしたり、共通の話題や趣味などで盛り上がれると楽しい関係が続けられるでしょう。

蟹座女子（水）と射手座男子（火）――△

蟹座と射手座は「水」と「火」という、まったく違う性質の組み合わせです。

蟹座女子は母性にあふれ、家庭的で自分の愛する人、家族や友人をとても大切にします。一度好きだと思ったら、「彼のことしか考えられない」というほど、恋愛至上主義なところがあります。

射手座男子は恋愛ももちろん大切ですが、それだけではありません。自分の探究心や物事の真理、魂の自由や成長ということにも興味があります。

蟹座女子は、頭がよく自由に行動する射手座男子を尊敬し、愛情を注ぎます。

射手座男子も蟹座女子の包み込むような愛情に、居心地がよく安心できます。

二人の関係は問題なく進んでいくように思われますが、蟹座女子から注がれる愛情が射手座男子にとって、しだいに負担になり、窮屈に感じてしまうでしょう。

蟹座女子はそういう射手座男子の態度やしぐさで、彼のことが信じられなくなり感情をぶつけてしまうかもしれません。

そうなってしまうと射手座男子は逃げ出してしまったり、他の楽しいことに関心を示したりと、距離をとっていってしまうでしょう。

お互いのことが信用できなくなり、結局は、二人の関係は長続きしないかもしれません。違う性質で価値観も違ってくる二人ですが、だからこそ学び成長できることもあります。

蟹座女子は彼を自由にすることで自分の気持ちと向き合う時間ができ、射手座男子は愛情の強さを学ぶことができます。相手を知ることで、自分にとって何が大切かがわかるというのは、恋愛における一番の学びであり、それこそが恋愛の醍醐味《だいごみ》だと考えるとよい関係が続けられるでしょう。


獅子座女子（火）と射手座男子（火）——◎

獅子座と射手座は「火」と「火」という、同じ性質の組み合わせです。

獅子座女子は常にストレートで、創造的チャレンジをすることで自分を充実させていくことができます。射手座男子も探究心があり、常にチャレンジをすることで学び成長することに喜びを感じています。お互いに似た価値観があるので、すぐにわかり合えたり、お互いに惹かれ合ったりします。

獅子座女子は素直で明るく元気です。そして夢や目標を追いかけて努力するので、射手座男子もそばにいることでモチベーションを上げたり、刺激し合いながら成長することができるので応援したくなります。

また射手座の知識とスピーディな行動に獅子座女子はときめきます。

二人で楽しい経験や知識が得られると、とても居心地よく感じます。そして、一緒に冒険や探検、いままで知らなかったことなどを体験し、楽しめる関係なのです。

仕事関係でも恋人同士でも、お互いの行動力と向上心を刺激し合い、目標を達成できる組み合わせなのです。

ただし、獅子座女子は寂しいときには誰かそばにいてほしいと思いますが、射手座男子は、そういうことに気づかずに自由な行動ばかりしてしまいます。

また獅子座女子はリーダー気質があるために、つい趣味や仕事を強要したり、指示したりしてしまいます。

そんなとき、射手座男子は窮屈さを感じて、逃げ出したくなります。そしてお互いの気持ちや考えがわからなくなり、しだいにぶつかるようになります。

お互いが協力し合えると、とても強いつながりで結ばれる関係の二人ですが、長続きするためには、ほどよい距離感を保ち自主性を尊重し合えることが必要です。

乙女座女子(土)と射手座男子(火)――△

乙女座と射手座は「土」と「火」という、まったく違う性質の組み合わせです。

乙女座女子はとても繊細で、分析上手の星座です。誰も気づかないような小さなミスを発見できるというような才能があります。

射手座男子は自分の興味のあることにまっしぐらで大胆な行動をします。そのため、細かいところに気づく乙女座女子の緻密さに感動します。

また、乙女座女子はいつもきちんとしていたい星座です。秩序をもって、整った空間、関係性のなかで安心することができます。そういう自分にはない才能の部分に興味を示した射手座男子は、乙女座女子に好感を持ちます。

土の星座である乙女座は、形になるものが好きですが、射手座男子は枠にはまることが苦手です。

乙女座女子は射手座男子の大胆で楽観的なところに最初は惹かれますが、しだいにストレスとなってしまいます。

射手座男子も乙女座女子の細かすぎるところが面倒になってきて、すぐに他のところに行ってしまい、やがて二人の関係はすれ違っていくでしょう。

乙女座女子が射手座男子のおおらかさを理解し、ストレスを感じない程度のフォローをするというような、ほどよい距離感を保つことが、関係が続いていく鍵となるでしょう。

天秤座女子（風）と射手座男子（火）——○

天秤座と射手座は「風」と「火」という協力し合える関係です。

天秤座女子は華やかで社交的です。オシャレな雰囲気を身にまとっています。実際、服や持ち物など、きれいでオシャレなものが多いでしょう。また誰とでも友好的な関係を築ける天秤座女子のことを素敵に思います。

また射手座男子のまっすぐな言動に、美意識が高く、バランス感覚のよい天秤座女子は自分にはない才能を見つけ、関心を持ちます。興味のあることを正直に進めていける射手座男子に、ときめいてしまうのです。

共通の趣味などがあると、二人の距離は縮まります。初めの頃は居心地がよいのですが、自由な二人は自然と自分の興味のある方向へ気持ちが変化していきます。

世界観が大きく、好きなものには一心に情熱を注ぐ射手座男子を、天秤座女子が面倒になってしまうと、あっけなく二人の関係は終わってしまうかもしれません。

射手座男子のほうも、天秤座女子は八方美人に映り、次の好奇心に興味が移ってしまうと、愛は一気に冷めてしまうでしょう。

お互いが相手の趣味や好みなどを理解し、共通の趣味などで楽しむと、よい関係が続けられます。

蠍座女子（水）と射手座男子（火）――△

蠍座と射手座は「水」と「火」という、まったく違う性質の組み合わせです。

蠍座は洞察力が強く、静かに深い愛を持っています。射手座は自分の成長やチャレンジすることにどんどん進んでいきます。

蠍座女子はいろいろなことを表に出さない星座ですが、射手座男子はそれとは反対に、オープンであまり細かいことは気にしません。やりたいと思ったことは口にしたり、実際に行動に移しているのです。また蠍座女子は愛する人に命をかけて愛しますが、射手座男子は目標を達成するまでは熱中するのですが、興味の対象があちこちに変わります。

これだけでも、お互いがまったく違う要素と価値観をもった二人だということがわかります。そのために、二人の距離が縮まることはありません。けれども、蠍座女子の洞察力と、すべてを受けとめてくれる静かな優しさに気づいたとき、射手座男子は好意を持ちます。

いつも好きなことにまっしぐらな彼が、疲れた時や弱い部分を隠そうとする姿をふと見せたとき、ふだんの彼とのギャップを感じて、蠍座女子は愛情を注ぎたくなります。蠍座女子は水の星座で深い愛を持っているので、射手座男子を深い愛で見守ることができます。でも所詮は行動パターンも価値観も違う二人です。射手座男子は次に興味のあることを見つけて、次の狩りに出かけていくでしょう。

二人の関係は深くなじむ確率は少ないですが、射手座男子を自由に活動させてあげられる蠍座女子となら、意外にうまくいくかもしれません。

ハンターの射手座男子が浮気したら、蠍座女子は、絶対に許すことはできないでしょう。愛した人だからこそ、裏切りが許せないのです。彼に反省させたい気持ちから、意地悪をしてしまうこともあるかもしれません。時にそれがエスカレートして、自分でもコントロールできないということもあるでしょう。

そうなると射手座男子には逆効果で彼はますます逃げていってしまいます。難しいことやドロドロした関係はまっぴらなのです。

そのときにどうするべきか。どちらが正しいかということで責めても、関係は修復できないでしょう。恋愛感情は理屈ではありません。彼との関係を続けたければ、彼を責めすぎないことです。少し距離を置くことで、あなた自身も落ち着いて、自分の気持ちに整理をつけることもできるかもしれません。

射手座女子（火）と射手座男子（火）——◎

同じ星座同士の組み合わせは、多くを語らずともわかり合えます。同じ出来事についても、二人がほぼ同じように反応できるからです。たとえば、初対面でなんだか気が合うと感じたら同じ星座だった、というのはこの組み合わせに多いパターンです。基本の性格が似ているので気も合いますし、それは行動にも出てきます。二人が並んだときに「雰囲気が似てるね」といわれることも多いでしょう。

相手を尊重して、お互いの好みを共有できると、とても強固なつながりになります。お互いがなくてはならないパートナーになれるのです。運命の出会い、永遠の同志、というような、かけがえのない存在でお互いがいられます。

射手座は自由を好みオープンな性格です。お互いを束縛することなく、相手の自主性を尊重し、ほどよい距離感を保ちつつ、お互いに成長していきます。一緒にいて退屈しない、干渉しないという点で、とても居心地のいい関係といえるでしょう。

ただし、どちらも自由に行動しているため、周囲からは「奔放な二人」と見られているかもしれません。

結婚してからも家にじっとしているというよりも、二人で旅行をしたり、人生を旅するというような気持ちで新しいことにチャレンジして、楽しみを見つけていける組み合わせです。

一緒に仕事をするときも、同じペースで進めていくことができます。目標に向かうときのハンターの才能やスピードというエネルギーも似ているので、二人で一つの目標に向かうととても強力なパワーとなります。

二人の出会いは、自分と似ている考えや言動の異性がいるという発見で、近い関係になります。ただどちらも、似すぎているため、相手のよいところも悪いところも自分の鏡のように映し出されます。よいところはともかく、悪いところ、自分が見たくないと思っている部分も、同じ星座の性質から目にすることになります。

ハンターでもある射手座の矢は、同じ方向を向いているときは、強力なパワーを発揮しますが、相手に向かうとお互いを傷つけてしまいます。お互いの矢の向きを合わせたり調整するというように、譲れるところと譲れないところのさじ加減が長続きのポイントです。

山羊座女子（土）と射手座男子（火）――△

山羊座と射手座は「土」と「火」という、まったく違う性質の組み合わせです。

山羊座は現実的で忍耐力のある星座です。この星座は目標を決めたら、コツコツと着実に積み上げていくことが得意です。射手座男子は、自分なりの目標に向かって突き進むことができるので、そんな山羊座女子を応援してあげたいと思います。一生懸命目標に向かっている山羊座女子の夢や生き方を理解してくれます。

山羊座女子は、自分とは違うタイプだけれど、目標や夢に向かって進んでいく射手座男子のことを尊敬し、頼もしく思います。

射手座男子も、がんばっている山羊座女子のことを同志のように感じ、魅力的に思います。

けれども射手座男子は、大胆で楽天的です。そしてワクワクすることが大好きです。射手座男子の自由すぎる言動が、山羊座女子には理解できません。射手座男子も、目標だけを目指す地道な山羊座女子のことがわからなくなります。

射手座と山羊座はペースや価値基準がもともと違うため、しだいにすれ違っていくでしょう。お互いが夢を追いかけているので、向かう方向が違ってくると溝も大きくなっていきます。お互いが自分にない部分を尊重し、引き出し合えると、高い目標も達成できるよい同志になれます。夢をかなえられる仲間となれるのです。

山羊座女子は忍耐強いので、射手座男子の自由で周囲をあまり気にしない言動にも、ある程度は我慢できますが、限界を越えると一気に爆発してしまいます。そうなる前に、自分にないものを理解し、話し合い、助け合うことで、二人の関係をお互いが成長できるものに変えていけるでしょう。

水瓶座女子（風）と射手座男子（火）――◯

水瓶座と射手座は「風」と「火」という、協力し合える関係です。

水瓶座女子はとても自由な精神を持ち、博愛的な星座です。権力や地位などによって人を差別することはなく、公平な心を持っています。射手座男子も束縛されない自由な行動や思考を好みます。

二人とも目標や気になることにはとことん探求することが好きなので、二人で同じ目標に向かったり、仕事をするにも相手のことが理解でき、お互い協力し合えます。もともと似ている二人なのですが、射手座男子は自分の関心のあることにまっしぐらで周囲のことはあまり気にしません。一方、水瓶座女子は順応力を兼ね備えているので、周囲の人たちとベタベタすることはなく、賢明に配慮しようとします。

そんな水瓶座女子は、活発で自分の夢に一生懸命な射手座男子を尊敬します。チャレンジしながら探究する姿を尊敬し、応援したくなるのです。射手座男子も、周囲を理解しようとしながら、どこかマイペースな水瓶座女子に興味を示します。

自分のことを応援してくれるし、束縛しないので居心地がよいのです。けれども、自由すぎる二人は、たとえお互いが違う方向に進んでも相手を引きとめることはしないため、しだいにすれ違いも多くなっていくでしょう。

水瓶座女子は個性的でヒラメキがあり、ファッションや考え方も一歩先をいく女性のイメージです。恋愛に関しても、自分からアプローチをしたり、恋愛にのめり込むということはありません。

射手座男子も最初は水瓶座女子に惹かれていても、相手がドライだったり、自分のほうを向いてくれないと感じると気が抜けてしまい、次の狩りに出かけていきたくなります。よくも悪くもお互いの自由を尊重しすぎるところが、続かないという結果を招くことになるのです。

お互いを理解し、協力できる関係です。相手との距離をもう少しだけ縮めてみようと努力することも、時には必要でしょう。

魚座女子（水）と射手座男子（火）――△

魚座と射手座は「水」と「火」という、まったく違う性質の組み合わせです。

魚座は優しくて、「情」という価値基準を優先にしています。魚座の優しさは広い心で、多くの人に愛を注いでいきます。それは慈悲深く、時に自己犠牲的な愛です。

射手座男子は隠し事やウソもなく、誰に対してもオープンで、興味のあることや目標に向かってまっすぐ進んでいるところが、とても頼もしく見えます。

そんな彼を、優しい魚座女子は献身的に支えたくなります。自分のことよりも彼のことを優先したり、困っていることはないかと健気に尽くしたりします。

そんな魚座女子を射手座男子は守りたくなります。

射手座の守護星は木星ですが、魚座の副守護星も木星です。共通点としては「制限をつくらない」ということがありますが、射手座のそれは行動や思考に、魚座のそれは人への愛情や慈しむ心になります。どちらも広げていくということでは同じですが、それぞれの視点と価値観が違ってきます。

射手座男子は楽天的なところもあり、人の気持ちや感情に鈍いところもあります。自分の目的に向かって進むために、前ばかり見ています。そのため、過去のことや周囲の人の細かい部分にあまり気づかないのです。

魚座女子は困っている人のことに敏感な分、自分の感情の変化も繊細なところがあります。まっすぐに突き進む射手座男子の去った後、魚座女子が寂しい思いをしていたり、傷ついた心で残されてしまうというパターンになってしまいます。

その結果、魚座女子が我慢して、ストレスをためこんでしまうのです。

射手座男子は鈍感で周囲の空気を読めないところがあります。

魚座のあなたは、イヤなことや不満に思うことは、はっきりと言えるように成長していくことが必要です。

6
Relationship
射手座男子とのつき合い方

射手座男子が家族の場合

父親、兄弟、息子が射手座の人

父親が射手座の人

射手座男子を父に持ったあなたは、父親に対して、のびのびと育ててくれたという印象があるのではないでしょうか。

射手座の父親は、あまり家にいることがなく、外出していることが多かったでしょう。仕事なのか遊びなのかは、小さいあなたにはわからなかったかもしれませんが、いつも家にいないことで、あなたの星座によっては、寂しく思ったこともあったのではないでしょうか。

射手座男子は、父親になっても、家にじっとしていることがありません。たまに家にいることがあっても、子どものことは干渉せず、父親らしいことは、あまりしてくれなかったかもしれません。

だからといって、子どもに無関心ということもなく、あなたが遊びたいと言えば、自然に、そうしてくれたでしょう。

射手座の父親は子どもに対しても、自分で判断し、行動することを教えてくれます。そして、その判断を優先させてくれます。大人になって振り返ってみると、子どもの「自主性」や「自立心」を尊重してくれていたのだと気づくでしょう。

また、友人と遊んだり勉強をしたりしていると、父親のほうから興味を持って仲間に加わることもあったでしょう。子どもたちより、お父さんのほうが真剣になってしまって困った、というような思い出を持つ人も少なくないでしょう。

興味を持ったら、とことんそれを追求して楽しんでいる姿は、自分の父親ながら、「かわいい」と思えるところではないでしょうか。

一般に「父親」のイメージは、どこか威厳があるというふうに描かれるものですが、射手座の父親の実際は、それとはだいぶ違います。

いつも何かに一生懸命で、そのくせ、やっていることはコロコロ変わっていく。「お父さんは何がしたいんだろう」と思うことはあっても、いつまでも枯れないところが、男としてカッコよく見えたりするのではないでしょうか。

子どもとの関係は、濃密とはいえませんが、射手座の父親は、あなたたち家族のことを大切に思っています。

家族のためにできることは、何でもしたいくらいに考えています。

父の日や父親の誕生日には、感謝の言葉を伝えましょう。

「いつも、ありがとうございます」

家族からの感謝や励ましは、父親にとって、これ以上ない応援であり、プレゼントになります。

家族のことを一番に考え、大切にする父親は、日頃あなたが喜んでくれること、楽しく暮らせることが幸せであり、嬉しいことなのです。

兄弟が射手座の人

射手座男子の兄を持つあなたは、いつも何かに夢中になって追いかけている兄の背中を、ずっと見てきたのではないでしょうか。

習い事でもスポーツ、勉強でも、「これが面白い」と思ったら、寝る間も惜しんで、それをし続けています。けれども、その熱中期間は、長くは続かず、気がついたら、もう次のことをしている、というのが、射手座の兄のイメージでしょう。

年頃になれば、家族には秘密にしたいこともあるのが普通ですが、射手座の兄は、案外オープンです。いくつになっても子どものようで、その意味では、兄というより、年下の弟のように感じている人も少なくありません。

一緒に遊びたいと思っても、気がついたら、「もう家にはいない」ということが日常茶飯事です。お兄さんは、あなたと一緒にいたくないのではなく、連れていこうとしても、「おまえがそばにいないから」と思っているかもしれません。それほど、射手座の兄についていくのは大変です。

では、射手座男子の弟についてはどうでしょうか。いつも好きなことばかりして、後は放ったらかし、だから年上のあなたや家族が、いつも後片付けをしていたということも多いでしょう。

オモチャや洋服、勉強道具、ひどいときは友達との約束まで、あなたや家族が面倒を見ていたということもあったかもしれません。

いつまでも手がかかる弟で、時に面倒になることもありますが、なぜか憎めない、かわいさがあります。

射手座男子は夢中になると、まっすぐ脇目も振らずに、そのことに突進してしまいます。自分のアンテナに引っかかると、いままでしていたことはそのまま放り出して、アンテナの先へと向かっていってしまうのです。

「うっかり忘れていた」と本人は言いますが、じつは、その言葉の通りなのです。

「そんなことではダメじゃないか」と怒っても、「ごめんごめん」というだけで、それほど気にしている様子もありません。射手座男子はおおらかで、細かいことにはクヨクヨしません。反省しても後悔はしないのです。

これで社会を渡っていけるのかと心配になりますが、本人は、案外うまくやっています。家族の前では頼りなくしていても、社会に出れば、そんなことはないでしょう。

息子が射手座の人

射手座の息子は、よく遊び、よく学び、よく動きます。

元気もあり、友達とも仲よく遊ぶこともできるのですが、遊ぶ場所や行動範囲が特定できないというところが、親としては心配になります。

射手座男子の息子は冒険や探検が大好きです。いままで経験したことのないドキドキハラハラすることなど、刺激を求めています。

そのため「冒険」と言っては、初めてのところや行ったことのないところに行ってみたいと思い、実際にそれを行動してみます。

ワクワクすることを追いかけていくので、「いつも遊ぶ場所」や「いつも遊ぶ友達」

という「いつも」が特定しにくい子もいます。

冒険がエスカレートすると、危険な場所に行かないとも限りません。とくに幼いときは、本人には加減がわかりませんから、思いがけないところに行ってしまうこともあります。

親として、彼のいちばん身近で接するあなたは、いろいろ制限したくなりますが、息子の安全を確保しつつ、できるだけ彼を自由にしてあげましょう。

射手座男子の息子は、とても素直でおおらかです。学ぶことや挑戦することで幸せを感じ、成長していきます。

息子が自信を持って社会で活躍できるようにするには、子どもの頃から、彼の意志を尊重して、才能だと思えることは、ほめてあげるようにしましょう。

もちろん悪いことをしたら叱ってください。

ただし感情的に叱っても、彼には響きません。「やってはいけないこと」の理由を理解させたり、他に関心を持てることを提供していくのがよいでしょう。

理由もなく「ダメ！」とか「いけません！」と叱っても、余計に反発してしまうだけです。

窮屈な環境や状態は射手座には苦しいだけ、ということも覚えておきましょう。

射手座男子が友人（同僚）の場合

挑戦することでやる気のスイッチが入る

射手座男子の友人（同僚）は、仕事でも遊びでも守備範囲が広く、一緒にいて楽しい存在でしょう。

流行りのものに興味を示したかと思うと、哲学や精神論とか、ちょっと難しいことを言い出したり、深いのか浅いのかよくわからないときもありますが、それこそ「何でも知っている」頼もしい友達でもあります。

動きも仕事も、大胆でストレート。集中力では、彼に敵う人はいないと思えるほどです。

射手座男子は、多少難しいことや、大変だと思うことも「面白いかも」とか「挑戦してみたい」と思えたところで、「やる気のスイッチ」が入ります。

いったんスイッチが入ると、頼んでもいないことまでやってくれたりして、想定していた以上に仕上げてくれます。

本人が興味を示さないと、やることが大雑把になって、その差は、別人かと思うほどですが、なぜか、それでも憎めないのが、射手座男子の魅力といってもいいかもしれません。

そんな彼に、やる気を出してもらうには、彼の関心を引くしか方法はありません。

なにか彼が挑戦できるようなことであれば、彼は目を輝かせて取り組んでくれるでしょう。とくに「いままでやったことのない仕事」は、彼をワクワクさせます。

裏がない射手座男子は、信用できます。そんな彼とはいつまでも、潔い同士のような関係が保てます。

射手座男子が目上（上司、先輩）の場合

目標も夢も大きいほうが、やりがいを感じる

射手座男子の上司（先輩）は、仕事でも趣味でも自分なりの目標があります。その目標を追いかけることが、彼にとってのモチベーションになります。

仲間や部下にも、その目標を達成することを求めます。いまよりも、もっと前へ、そしてもっと高い目標へと向かって、それを達成することが大事なのです。

現状維持では納得できません。射手座男子の上司は、挑戦すること、成長することのための努力を厭うことはありません。

挑戦している自分が好きだということもありますが、仕事となると、それだけでは満足できません。きちんと結果につなげることも視野に入れて、行動します。

時には、「そんなの無理でしょう」と言いたくなるような目標を立てることがあるか

もしれませんが、そんな大きな目標だからこそ、やりがいを感じられるのです。射手座男子の上司（先輩）のスケールは大きいのです。そのせいか、細かな仕事は、あまり得意なほうではありません。

もしもあなたが、「私は細かな作業が得意」というなら、率先して彼の仕事を手伝うようにしましょう。射手座男子の上司に認められるチャンスになります。

なにか失敗したときには、コソコソ隠したり、誰かのせいにするような言い訳はしないようにしましょう。射手座男子は、面倒なことやごまかすことが苦手です。

自分のミスを認め、きちんと謝れば、たとえそのときは怒ることがあっても、根に持つようなことはありません。

感情的に人を差別したり、ひいきするようなことはしない射手座男子です。丁寧な仕事ぶりや、結果につなげる努力をちゃんと見ていてくれます。あなたがチャレンジするときには応援もしてくれます。部下にとって、これほど信頼できる上司は他にはいないといっても過言ではありません。

射手座男子が年下（部下、後輩）の場合

「やりがい」を与えるとテンションが上がる

理解力もあり、仕事でも頼んだことは、何でも素早くやってくれます。最初の頃は、自分から積極的に質問してきたりして、「学ぼう」という意気込みが伝わってきます。けれど、ある日、サーッと潮が引くように、その熱心さが感じられなくなることがあります。

射手座男子は、飽きっぽい性格です。少なくとも、傍からは、そう見えます。けれども、じつは飽きているのではなく、興味の対象が他に移ってしまったのです。だから、また面白いと思えば、まるで新たな発見をしたかのように、そこに戻ってくることもあります。

射手座男子は、自分のしていることに目標を見出せないと、テンションが下がって

しまいます。趣味や遊びならともかく、仕事に関してもそれでは、周りは「やりにくい」となっても当然です。その意味で、ちょっと面倒な部下であるかもしれません。

でも、逆に考えれば、彼にとっての「やりがい」を見つけてあげられれば、いくらでもテンションを上げて、がんばるタイプです。

彼が目標にしたいことを直接聞いてみたり、やりたいことや興味のあることについて話をしてみるのもよいでしょう。

射手座男子は行動して、そこで発見したこと、体験したこと、また自分の頭を使って理解したことが、生きる支えになっていきます。

ウソや隠し事がなく、自分の気持ちや考えを率直に話します。その意味では、わかりやすい人です。

「やりがい」が見えなくなると、一気に意欲をなくしてしまいます。また、なぜかケアレスミスが少なくありません。真面目なのに、小さなことは気にしない性格が、ミスにつながってしまうようです。

つまらないことは人生に必要ないと考えているため、仕事でも趣味でも「つまらない」と感じてしまうと、それ以上続けることができません。ミスをしても、「体制に影響はない」くらいに考えてしまうので、注意しても、それほど改善の見込みはないでしょう。

そこを注意するよりも、彼の探究心や瞬発力を伸ばしていくようにしましょう。「面白そう」と思ったら、それを自分のものにするべく貪欲に探究していきます。放っておいても、いえ放っておいたほうが一人でどんどん成長していけるのが、射手座男子の部下（後輩）です。

射手座男子が恋人未満の場合

その他大勢の一人にならないこと

射手座男子は冒険が大好きです。それはいくつになっても変わりません。たいていの冒険ストーリーでは、平和な毎日と時間はありません。常に変化があったり、時には嵐に巻き込まれたり、アクシデントが起きたりするのです。そして宝島を発見したり、恋人と再会したりします。

そういうスリルを日常でもどこか探している射手座男子は、毎日平凡にすごしている変化のない女性には、あまり興味を持ちません。それどころか存在すらも気づいてくれていない場合があるでしょう。

細かいことにはこだわらない射手座男子は、その他大勢で個性のない女性のことは見えていないのです。

それよりも、個性的な女性に惹かれます。

だからといってファッションを派手にしたり、奇抜にするのではありません。見かけだけを飾っても、中身がないと思われてしまえば、彼との関係は、いまより発展することはありません。「つまらない女性だ」と思われたら、そこから挽回するのは難しいでしょう。

探究心が旺盛な彼は、常に刺激を求めています。刺激とは、心が反応することです。

たとえば、同じプロジェクトを進めていて、最初は意見が合わなかったとしても、一緒に一つの目的に向かって進むうちに、意気投合することがあるかもしれません。そんなとき、彼のなかで、あなたという存在が突然に輝き始めます。

彼との距離を縮めたいなら、彼と同じくらいに、人生という冒険を楽しむ気持ちを持たなければなりません。平凡な日常のなかで変化を見つけ、それを楽しむことができるような生き方をしましょう。

射手座男子が苦手（嫌い）な場合

無理に好きになる必要はない、でも理解してみる

あなたは射手座男子のどこが苦手ですか？
自分勝手なところですか？
飽きっぽいところですか？
気遣いがないところですか？
その全部でしょうか？

こうしたところは、射手座男子の性分なので仕方がないのです。

この星座の男子は、変化とスリルを求め、人生を楽しむために生きたいと思っています。刺激を求め素直に生きているために、気になるものは放っておけず、知りたいことがあれば、とことん知りたいという探究心があります。

つまらない時間や、窮屈なことは絶対にしたくないと思っています。

だからといって、時間や規則が守れないということではありません。

「新しい発見がない」

「面白いと思うことがない」

「自分が成長できると思うことがない」

「意見や考えを押しつける」

というのは、「なんだか窮屈」と感じてしまうのです。そんなところに自分の身を置くことに我慢できないのが、射手座男子の特徴です。

自分が成長できる出来事がないと、それは生きるうえで無意味なものと感じてしまいます。

逆に、意味を感じるものと出会ったときには、それに向かってまっしぐら、というほど、そのことに夢中になります。

時にはその言動が、自分勝手で飽きっぽいように見えてしまうことがあります。

一つのことに夢中になると、周囲の細かなことが見えなくなります。他の人の感情など気づかずに突き進んでしまうので、「無神経な人」に思われることも少なくありません。

でも、そんなことさえ、射手座にとっては「どうでもいいこと」なのです。

射手座男子は、細かなことにはこだわりません。それよりも、スリリングな人生を楽しみたいという気持ちのほうが強いのです。

自分にも、人にも、自主性を重んじる彼は、自分で判断して行動することが大事だと考えています。

だから、感情的に人を嫌うようなことは、あまりありません。それでも人間ですから、「どうしても合わない」ということはあります。自分と合わないと感じるところが少しでもあると、「この人は苦手だ」と思って敬遠してしまうのです。

相手をよく知らないために、誤解している可能性もある、と考えられると、よりよい人間関係を気づいていけるでしょう。

7

Maintenance

射手座男子の強みと弱点

射手座男子の強み

タフでエネルギッシュ

射手座男子はタフでエネルギッシュ。これは他のどの星座もかないません。

ただし、「タフでエネルギッシュ」というと、単純に筋肉モリモリの肉体派や体育会系をイメージしてしまいますが、そうではありません。これはあくまでも、射手座男子にとって人生を楽しむための基本となるものなのです。

射手座男子の人生を楽しむということは、たとえば「知識を多く学ぶ」「遠くまで旅する」「見たことのない世界にチャレンジする」ということがあります。

知識をより多く学ぶためには、体力は基本となることです。

遠くまで旅する、見たことのない世界にチャレンジするためにも気力と体力は必要ですが、それ以上に「◯◯したい」と感じる熱い思いやエネルギーがなくてはなりません。

あたりまえのことではありますが、無気力や無関心では何もはじまりません。

たとえ気力があっても、実際の行動へ移すということには多少のエネルギーが必要になります。

でも、目標や的となるものがあり、そこに一心不乱に向かって突き進むパワーは射手座男子にはとても強いものがあります。

少し神話に戻りますが、神話のなかのケンタウロス族はもともと狩猟を得意としています。狩猟は体力と頭脳が必要になってきます。獲物を追いかける強い脚を馬の下半身としても象徴しています。射手座の主人公は、ケイロンという神々の師ともいわれるほどの賢者なのです。ただのタフでエネルギッシュというだけでなく、賢い頭脳と人から慕われる人徳を持ち合わせているわけです。

そんな彼のそばにいると、自分もイキイキとした毎日をすごせる、魅力的な女性に成長できそうな気がしてくるのではないでしょうか。

射手座男子の弱点

体力的にも精神的にも無理をしてしまいがち

射手座男子はこの本のタイトルの通り、エネルギッシュです。多少のハードワークも自分が楽しんでいたり、目標に向かっているあいだは、その忙しさやハードさも関係なく活動できます。

むしろ忙しいときのほうが、イキイキしている射手座男子も多いのです。

「俺っていま忙しい！」ということに快感すら覚え、もっともっとと仕事を増やして追いかけていきます。

体力もあるほうなので、無理を無理とも思わないところもあるのです。

そのため、気づいたら病気になっていたということがよくあります。

または身体の調子が悪くなって、仕事のペースをダウンさせるということになります。

そういうことを、あまり良しとしない射手座男子は、結果、体力的にも精神的にも無理をすることになるのです。

もともと細かいことにこだわらない性格ですが、忙しくなって、自分のキャパシティを超える仕事や行動に身体がついていかず、それがストレスとなって病気になることがあります。

だからといって、周囲から「少し休んだら?」とか「ペースを落として」と言葉をかけても、自由な行動を好む射手座男子には、それが「束縛」や「強制」のように思えてしまいます。「これを食べると元気が出るらしいよ」と言って差し入れをしたときに、そっと健康の知識や情報を添えるのもよいでしょう。

射手座男子は、脚の付け根にあたる大腿部のケガや、働きすぎて「長時間同じ姿勢のまま」「重い荷物を持つ」などして、坐骨神経痛にもなりやすいので注意が必要です。

8

Option

射手座男子と幸せになる秘訣

射手座男子を愛するあなたへ

彼の愛が信じられないとき

射手座男子はいつも何かに夢中。それも一つだけでなく、趣味や仕事、学ぶことなどなど、どれが一番なのか本人にもわからないかもしれません。

そんな彼を見て、あなたはときどき不安になるのではないでしょうか。

「私のことはどうでもいいのかしら？」

「ひょっとしたら私は都合のいい友人の一人？」

特別な関係だと思っているのは自分だけではないか、と考えてしまうのです。

でも、そんなことはないでしょう。あなたは彼の目標であり、射手座の矢を放ちたいと思った、希望の的です。彼には、愛するあなたのことがちゃんと見えています。他の誰よりもあなたを大切にしたいと思っているのです。人前では、そんな素振りは見せないかもしれませせん。でも二人になったときに、彼が見せる優しさや愛情にウソはありません。

彼はいつも、自分の好きなことばかりを追いかけているように見えます。じつは、それは愛するあなたがいてくれるからこそなのです。

女性にも人気がありますが、二人だけの特別な時間を一緒にすごすのは、「誰でもいい」というわけにはいかないのです。

相手との距離が近くなるほど、自分の気持ちや意見を言わないようになるかもしれません。自分の夢中になっていることや、そのときに興味があることを一生懸命、あなたに話をすることもあるでしょう。それは、愛するあなたにも一緒にワクワクしてほしい、楽しんでほしいという気持ちの表れなのです。

エネルギッシュに人生を満喫しようと、自由に駆けまわるパワーは、周囲に勇気と元気を与えます。多くの人に勇気と元気、幸せを振りまく射手座男子には、あなたの愛がいちばん必要です。

射手座男子と一緒に幸せになる

人生を楽しんで生きる愛すべき存在

少年のように目をキラキラさせて、何かを追いかけている。

そんな彼は、いくつになっても広い世界を夢見て、自由に駆けまわり、多くの知識を得ることを喜び、挑戦をすることを楽しみます。

そのため、周囲の細かいことはあまり気にしません。また後ろを振り返るようなこともありません。

彼ほど、奔放に人生の旅を楽しんでいる人はいないのです。

近頃は無気力、無関心の人が増えたといわれる時代ですが、射手座男子には無縁のものでしょう。

「楽しいことが見つからない」

「どこにも行きたくない」

というのは、射手座の辞書にはありません。

彼は人生を旅することをあきらめないのです。

生きるエネルギーにあふれ、それを無駄なく使おうとしています。

そんなエネルギッシュな射手座男子を、女性が放っておくわけがありません。

女性が子孫を残そうとするのは本能です。より生命力がありそうな元気な子を産むことを望み、そのためには、エネルギッシュな男性を求めます。

未来の社会をつくるためには、不安定な時代を生き抜く優秀な頭脳と力強さが必要です。射手座男子には、大きな働きをしてもらわなければなりません。

彼は一人の人間として自立し、常に努力し成長をしています。

多くのことを知りたい、体験したいという探究心が強い性格のために「飽きっぽい」という面もありますが、どのような時代でも生き抜ける生命力を持った射手座男子は、愛すべき存在です。

射手座男子にかぎらず、その人のことを知れば知るほど、欠点が目について、「やっぱりやめておこう」「こんな人とはつき合えない」と思うようになるかもしれません。

でも、欠点はお互い様です。そして、欠点は長所の裏返しです。

そのことを理解して、努力することに、私たちの生きる目的があります。

射手座男子と幸せになるには、彼を理解することです。

とらえどころのない彼も、アバウトな彼も、受け入れてあげることです。

あなたが無理をする必要はありません。

あなたはあなたのままで、つき合っていけばいいのです。

彼が戸惑うこともあるかもしれませんが、彼なりに、あなたを理解しようとしてくれているのであれば、そのことを認めてあげてください。

お互いに認め合うことができれば、一人と一人の人間同士、愛し、愛される関係を築いていけるのではないでしょうか。

おわりに　相手を理解して運命を好転させる

人は夜空に輝く星を、はるか昔から眺めながら生活してきました。

それはただ美しいと感じるだけではなく、あるときは生きるために、あるときは王様や国の運命を見るために、星の動きや位置を見ていたのです。

昔の人は、月が欠けて見えなくなると大騒ぎでした。夜が真っ暗になるのは不安だったのです。反対に満月になると大喜びしたものです。

その月や星の動きや位置を、たくさんの人が関わりながら研究し、長い長い時間を経て、現代の私たちに伝えてきたのです。

さて、本書では、射手座男子のいいところも悪いところも書いてきました。

性格にはいいも悪いもなく、長所と短所は背中合わせです。長所がいきすぎれば短所になり、短所と思っていたところが長所になることがあります。

射手座は11月22日～12月21日（その年によって多少ズレがあります）のあいだに生まれた人です。西洋占星学では、一年は牡羊座から始まり、最後の魚座まで12の星座に分類しています。それぞれに長所があり、短所があります。

12星座で「いちばんエネルギッシュに生きる」射手座男子は、あなたの星座によっては、ときに理解しがたい存在かもしれません。

自分の常識では、

「どうして、そんなふうに言うの？」

「どうして、そんな態度をとるの？」

と思うことも少なくないかもしれません。

けれども、「射手座」の価値観や行動パターンを知れば、許せるかどうかはともかく、理解することはできるでしょう。

彼を理解することで、自分への理解を深めることもできます。

彼に対しての「許せないこと」は、あなたにとっての大切なことです。

それがわかれば、あなたのことを彼に理解してもらえるかもしれません。

射手座はおおらかで、人生を冒険のように楽しむ星座です。あなたのことを理解したなら、それまで以上に、あなたにとって強い味方となります。

ところで、早稲田運命学研究会は、２００９年2月25日（新月）、一粒万倍日《いちりゅうまんばいび》に発足しました。

「一粒万倍日」とは、「大安」と同じように縁起のいい日のことで、「一粒《ひとつぶ》の籾《もみ》が万倍にも実る稲穂になる」という意味です。結婚や開業、なにか新しいことをスタートするときには、この日を選ぶと繁栄します。反対に、この日に借金などをすると、借金が大きくなってしまうので避けなければなりません。

それはともかく、早稲田運命学研究会は、運命を読み解いていくことを目的として、私が主宰しているものです。

「運命」を読み解くには、その前に、そもそも「運命」とは何であるかを押さえておかなければなりません。言い換えれば、その人の「運命を決めるもの」とは何か、ということです。

これは、「占術」のジャンルで見ていけば、わかりやすいかもしれません。

つまり、姓名判断の人から見れば、「運命は名前によって決まる」というでしょうし、占星学でいえば、「生まれた星の位置で決まる」ということになります。

そう考えると、「運命を決めるもの」は、占い師の数だけあるといってもいいでしょう。それらのどれが正しい、正しくないということはありません。むしろ、そのすべてに一理ある、と私は思っています。

しかし、時に運と運命を一緒くたにしている人がいます。あるいは受けとる側が一緒くたにしてしまうことがある、ということもあります。

運命とは何かというときに、それは「運」とはまったく違うものだということを、しっかり覚えおきましょう。

「運」というのは、簡単に言えば、「拾えるもの」です。

「運命」は、「運」のように、たまたま拾ったりするものではありません。

「命を運ぶこと」が、「運命」です。自分の命をどう運ぶか、ということ。そこに「たまたま」という偶然はありません。

それだけに非常に厳しいものだ、と考えなければならないものです。

あることがキッカケで運命が変わった、という人は多いでしょう。

たとえば、結婚をして運命が変わったとか、そこの会社に就職して運命が変わった、というようなことがあるでしょう。

結局は「そうなる運命」だったということもできますが、もしも「変わった」とすれば、それは、その人自身が、あるところで「自分の命の運び方」を変えたことによって起きたのです。

この「運命を変える」ことは、簡単ではありません。

ある日誰かがひょいと自分を持ち上げて、「うまくいかない運命の道」から「うまくいく運命の道」に置き換えてくれたら楽ですが、そんな「奇跡」は起こりません。

しかし、あなた自身が、自分の「命の運び方」を変えさえすれば、あなたの運命はあなたの望むように変えることができるのです。


私はもともと運命論者で、文芸誌の編集者時代に、芥川賞作家にして、手相学・人相学の天才ともいわれた五味康祐に人相学・手相学をはじめとする「運命学」を直接学び、以来、独自に研究を重ねながら、運命に関する著作も多く執筆してきました。

当会顧問のアストロロジャー、來夢先生は、そんな私のことを「運命実践家」と呼びます。『12星座で「いちばんプライドが高い」牡羊座男子の取扱説明書』から始まり、「牡牛座」「双子座」「蟹座」「獅子座」「乙女座」「天秤座」「蠍座」に続いて、本書でも共に監修していただけたことに感謝申し上げます。

運命の本質を知ることは自分を知ることであり、人生を開く大切な一歩になります。

本書『12星座で「いちばんエネルギッシュに生きる」射手座男子の取扱説明書』を手にとってくださったあなたは、いま現在、射手座の男子とつき合っているのかもしれません。これからつき合おうと思って読んでみたという人もいるでしょう。あるいは職場や仕事上で、射手座の男性と関わりがあるという人も多いはずです。

探究心があり、寛容な射手座男性とつき合っていくときに、ぜひ本書を脇に置いて、事ある毎にページをめくっていただけたら幸いです。

早稲田運命学研究会主宰
櫻井秀勲

●監修者プロフィール

來夢（らいむ）

アストロロジャー&スピリチュアリスト。星活学協会会長。経営アストロロジー協会会長。早稲田運命学研究会顧問。マイナスエネルギーをいかにプラスに変えるかという実用的な視点から占星学を活用。OL、主婦からビジネスマン、成功経営者まで、秘密の指南役として絶大な支持を得ている。著書に『月のリズム　ポケット版』『「あたりまえ」を「感謝」に変えれば「幸せの扉」が開かれる』（きずな出版）、『「運」の正体』（ワック）、『らせんの法則で人生を成功に導く　春夏秋冬理論』『運活力』（実業之日本社）、共著に『誕生日大事典』（三笠書房）他多数。

シーズンズＨＰ　http://www.seasons-net.jp/

櫻井秀勲（さくらい・ひでのり）

早稲田運命学研究会主宰。１９３１年、東京生まれ。東京外国語大学ロシア語学科卒業。文芸誌の編集者から31歳で「女性自身」の編集長に。当時、毎週１００万部の発行部数を維持し出版界では伝説的存在。文芸誌の編集者時代に、芥川賞作家にして、手相学・人相学の天才ともいわれた五味康祐に師事。人相学・手相学をはじめとする「運命学」を直伝。以来、独自に研究を重ねながら、占い・運命学を活用。著作は『運のいい人、悪い人』（共著、きずな出版）、『運命は35歳で決まる！』（三笠書房）、『日本で一番わかりやすい運命の本』（ＰＨＰ研究所）など２００冊を超える。

早稲田運命学研究会　公式ＨＰ　http://w-unmei.com/

きずな出版

12星座で「いちばんエネルギッシュに生きる」

射手座男子の取扱説明書

２０１８年２月１日　初版第１刷発行

監　修　來夢、櫻井秀勲
著　者　早稲田運命学研究会

発行者　岡村季子
発行所　きずな出版
東京都新宿区白銀町１-13　〒１６２-０８１６
電話　０３-３２６０-０３９１
振替　００１６０-２-６３３５５１
http://www.kizuna-pub.jp/

ブックデザイン　福田和雄（FUKUDA DESIGN）
編集協力　ウーマンウエーブ
印刷・製本　モリモト印刷

ISBN978-4-86663-024-3